BAMBOO GARDEN

竹・笹のある庭

観賞と植栽

Shibata Shozo

柴田昌三

創森社

竹・笹のある庭の魅力

～序に代えて～

日本における竹・笹の造園的利用の歴史は長い。おそらく有史以前、日本人が現在のような庭の概念を持つようになる以前から、竹・笹は普通に生活空間に存在した。竹という言葉の語源は筍の生長が「猛々しい」ところにあるという説がある。そして、竹に関してはこれ以外の言葉を日本語に見いだすことができない。一方、笹に対しては、笹以外に篠という表現がある。さまざまな笹が自生する日本では、全国的には竹よりも笹のほうが一般的であったように思われる。笹の語源には葉が風にそよぐ音を表したものであるという説がある。また、「ササ」という言葉には笹だけではなく、竹の枝という意味もある。

日本には古くからササを神聖なものとする概念があった。天鈿女《あまのうずめの》命《みこと》が天岩屋戸《あまのいわやと》に閉じこもった天照大神を誘い出すために踊ったときにも、その手に竹の枝あるいは笹を持っていたという考えがある。神道でお祓いをするときに神官や巫女がササを手に持つのも、地鎮祭に際して敷地の四隅に竹を立てるのも、ササに神聖さを求めているからにほかならない。

竹・笹は古代から日本人に特別の感情を抱かせる植物であった。庭が成立していく過程において、このことは重要なことであったと思われる。我が家に幸いをもたらす植物として竹・笹は普通に受け入れられていたであろう。さらに地下茎を張り巡らせる特有の性質は、神聖さに加えて、生活を守ってくれるという実質的な解釈も日本人に与えていた。このような竹・笹に対するさまざまな感じ方が、庭への竹・笹の導入をごく自然なものにしていったことは想像に難くない。

中国文化の導入は、竹に対して特別な植物としての概念を付加した。「松竹梅」「四君子」という植物の組み合わせにいずれも竹が含まれていること、「竹林の七賢人」などの思想の導入などもこれら

と無縁ではない。庭園に植栽することに関して否定する余地のない植物として、竹・笹は高貴の庭にも下賤の庭にも抵抗なしに受け入れられていった。高貴の庭の一部は現在にも伝えられているが、そうでない庭が現在に伝えられていることはない。

しかし、日本人のほとんどが竹・笹が庭にあることを否定しない事実は、竹・笹が日本の庭を彩る貴重な植物材料として認識されてきたことを意味する。西洋文明が導入された後も、竹・笹は重要な造園材料であり続けた。近年では、ともすればその精神を忘れがちな日本人に対して、外国の造園家が優れた造園材料として竹・笹に注目し、彼らの感性でデザインに取り入れて、逆に日本人にその良さをみせてくれる。日本人は今、そこから新たな造園材料としての竹・笹を注目しはじめている。

本書は日本における長きにわたる竹・笹の造園的利用のみならず、近年再び古くて新しい造園材料として注目されている竹・笹の植栽デザインを改めて見直そうと試みたものである。もちろん、植物としての扱い方に大きな違いはないが、地球上には日本人がまだ垣間見たこともないような、竹・笹の造園的利用がある。現在の日本人の感覚にあった活用ができるヒントがここにはある。筆者はかねがねそのことを感じ続けてきた。

本書には日本のみならず、世界中で愛好されている竹・笹の植栽デザインも紹介して、竹・笹に注目する流れにさらなる刺激を与えたい筆者の意思がある。筆者自身が世界中の竹をみる中で感銘を受けた植栽デザインが、伝統的利用法のみならず、新たなデザイン感覚を伝えるものとして、読者の皆さんに伝われば幸いである。

2006年 3 月

柴田昌三

竹・笹のある庭～鑑賞と植栽～　◇目次

本書を読むにあたって

●本書の竹・笹の植栽例は庭園、植物園、公園、住宅の庭、店舗の庭、寺社の庭、公共施設・大型建築物のランドスケープなどが主になります

●本文カラー写真説明文末尾のカッコ内に、一部を除き撮影地、撮影時期(月)、撮影者を載せています。撮影地のうち、主に関西は永田忠利、関東は熊谷正、関東と中部日本は樫山信也、九州は山本達雄、全国各地および外国は柴田昌三によるものです

●撮影内容の一部には年数を経たものもあり、管理者の都合などで竹・笹の植栽がいちじるしく変容したり、消失したりしている場合もあります

●竹・笹類の表記について分類学上の区別が必要なところはタケ・ササ類、もしくはタケ類、ササ類のカタカナにしています

●撮影地や庭園、植物園などの所在地である市町村名は、2006年3月現在のものです

モウソウチク(東京都新宿区・京王プラザホテル、7月、熊谷)

竹・笹のある庭

〜植栽例と観賞〜

アケボノモウソウ（10月）

竹・笹のある
前庭とアプローチ

さまざまな住宅や諸施設において、その入り口に至る空間であるアプローチは、そこを日常利用する人や訪う人を迎え入れる場として特別な空間である。前庭にも同様の機能を求められるが、道という公共空間に面した場でもあることが多いことから、プライベートな要素が強い主庭などとは異なり、通りかかる人々を意識した造園が心がけられる。

そこは、所有する人の気持ちが一般の人に伝えられる場でもある。アプローチや前庭には、広い空間が用意されることは少ない。そこに質の高い造園空間をつくりだそうとするとき、狭い空間でも十分に生育できる植物は重要である。

竹・笹はこのような空間で使いやすい植物である。ここで大型の竹が利用されることは、ある程度広い空間を用意できる場合を除いてはまれである。

しかし、時として、大型竹を用いたすばらしい利用例をみることもできる。多く用いられるのは中型の竹と笹である。中型竹はアプローチに沿って列植されることが多い。特にクロチク、トウチク、スズコナリヒラなどが利用されることが多い。幅のあるスペースがある場合には、ホテイチク、シホウチクなども利用価値が高いものである。

笹は、地被あるいは点景を演出する造園材料として用いられることが多い。また、アプローチの石畳の目地としてネザサの仲間が用いられることもあり、そこを通る人に瑞々しい清涼感を与えることができる。

スズコナリヒラの白条を交えた緑と足元のミヤコザサの緑が玄関への道を誘ってくれる（京都市上京区・宗像神社、6月、永田）

マンション入り口へのわずかな空間に植えられたトウチクが清涼感を与えてくれる（京都市左京区神宮道、11月、柴田）

前庭に低く仕立てられたオカメザサが樹木の足元を彩り、限られた空間における緑の量感を増している（東京都新宿区中町・Ｋ邸、７月、樫山）

限られた植栽空間にシホウチクとフッキソウを植栽し、背後の仕切り垣とともに小さいながらもまとまった緑をつくりだしている（東京都新宿区神楽坂、５月、樫山）

カンチクなどを植栽することによって、小さな門前の空間にも客をもてなすための優れた景をつくりだすことができる（東京都文京区・M邸、5月、柴田）

チゴザサなどの笹の地被は、前庭の照明を引き立てると同時に広がりのある緑を与えてくれる（東京都新宿区西五軒町、6月、樫山）

高さのある建物に、数十cmの高さに仕立てられたオカメザサが効果的である（東京都新宿区市谷、8月、樫山）

門に至るアプローチにシホウチクが植栽された例である。身が引き締まる景である(京都市左京区・法然院、6月、永田)

住宅の小さな空間にモウソウチク、ホテイチク、オカメザサを効果的に配した例である(京都市左京区、10月、柴田)

わずかな空間にイヌマキとオカメザサが緑の安らぎを与えている(京都市右京区・嵐山周辺、6月、永田)

門脇の景石の石付きとしてチゴザサが彩りを添えている(京都市右京区、7月、柴田)

低く仕立てたシホウチクの列植が客を母屋へと誘っている。奥の空間につなぐ緑である（神奈川県鎌倉市・東慶寺脇の喫茶吉野、8月、熊谷）

玄関が見えないほどに茂らせたシホウチクがわずかな空間に奥行きを与えている（京都市左京区・哲学の道周辺、6月、永田）

玄関脇のわずかな場所にトウチクとリュウノヒゲだけでつくりだされた緑の空間である（京都市右京区・嵐山周辺、6月、永田）

限られた店の前庭を彩る和風の空間ではトウチクが効果的である（神奈川県鎌倉市・備屋珈琲店、8月、熊谷）

前庭に大型のマダケを用いた珍しい例である。ボリュームのある緑が住居に静寂を与えている（東京都新宿区市谷・Ｔ邸、８月、樫山）

竹の葉に滴る雨水は竹にみずみずしさを与えると同時に竹の生育状態をも向上させる（東京都新宿区市谷・Ｔ邸、８月、樫山）

マダケは日本で最も鮮やかで美しい緑の稈色を与えてくれる竹である（東京都新宿区市谷・Ｔ邸、８月、樫山）

幅の狭い空間がマダケの植栽によって奥行きを感じさせる空間に仕立てられている（東京都新宿区市谷・Ｔ邸、２月、樫山）

他の植物ではつくりだせない高さのある緑がトウチクによって演出されている（東京都新宿区・烏茶屋別館、７月、樫山）

ごくわずかな空間に生育できる造園材料としてトウチクは効果的である（東京都新宿区・Ｋ邸、８月、樫山）

門前の空間に唯一の植物として仕立てられたトウチクが景石とともに優れた景を与える（東京都台東区、５月、柴田）

ナリヒラダケなどの中型竹は道に近接している玄関にも緑を与えてくれる（東京都新宿区神楽坂・Ｓ邸、５月、樫山）

玄関に至るアプローチに沿ってクロチクがまばらに仕立てられ、緑陰を落としている（京都市北区、8月、柴田）

ホテルの入り口へのアプローチをマダケの列植が迎えている（京都市中京区、10月、柴田）

玄関脇の限られた空間にできる限りの植物が植栽されている。シホウチクはやや粗放な印象を与えるが効果的である（京都府左京区・哲学の道付近、6月、永田）

店の入り口にありながら独立した緑として存在を主張しているシホウチクである（鹿児島市・磯庭園、８月、山本）

ふと入ろうとした店の傍らにあるナリヒラダケの緑が疲れた心を癒してくれる（東京都港区・更科堀井総本家、７月、熊谷）

外からも内からも緑を楽しませるためにモウソウチクが用いられている。高木の下で瑞々しい緑が楽しめる例である（東京都台東区・上野公園、５月、柴田）

店のアプローチにクロチクによって優れた景が演出されている（東京都港区南青山・暗闇坂宮下、７月、熊谷）

レストランでは前庭に景を求めることが多い。アケボノモウソウを用いた例である（東京都港区北青山、８月、樫山）

ちょっとした空間を前庭に利用することによってオカメザサと樹木の景がつくりだされている（東京都新宿区中町・Ｋ邸、７月、樫山）

緑に気づいてふと足元を見ると低く仕立てられたシホウチクがあった（京都市右京区嵐山・喫茶店脇、６月、永田）

トウチクはごく限られた植栽地に優れた緑を提供してくれる第一級の造園植物である（京都市右京区嵐山・食事処、６月、永田）

トウチクを用いて客を迎え入れる空間を野性的に利用した例である（東京都新宿区神楽坂・小料理屋、6月、樫山）

入り口門脇の石に沿わせてよく管理されたオカメザサの一叢が客を迎える（京都市右京区嵐山、9月、柴田）

道に面した塀の足元にオカメザサの低く刈り込まれた緑が景をつくりだしている（京都市上京区、8月、柴田）

わずかしかないコンテナ内の土でもトウチクは優れた生育をみせてくれる（東京都新宿区中町、7月、樫山）

左の写真と同様に建物入り口に鮮やかなインパクトを与えるクロチクの利用である（東京都新宿区神楽坂、7月、樫山）

レストランの限られた空間にホテイチクの緑がインパクトを与えている（東京都台東区上野・バンブーガーデン、2月、樫山）

玄関と隣接する駐車空間との間にトウチクを中心とする緑が清涼感を与えてくれる（京都市右京区嵐山付近、6月、永田）

植栽スペースがない店ではキッコウチクなどの鉢植えの緑が利用される（福岡市博多区、5月、柴田）

入り口で歓迎の気持ちをみせるためにスホウチクなどの鉢植えが置かれる（東京都新宿区神楽坂・旅荘駒、5月、樫山）

数十cm四方しかない植栽空間でもこのスズコナリヒラのように鮮やかな緑が演出できる（京都市左京区・哲学の道付近、6月、永田）

ホテイチクは下枝が低いため、緑と白石の色彩的な組み合わせが前庭などで主張できる（東京都新宿区神楽坂、2月、樫山）

隣家とのスクリーンを兼ねたアプローチ沿いにトウチクを利用している（京都市右京区・嵐山周辺、9月、柴田）

店の前にこのような清楚に仕立てられたトウチクの一叢があると、ふと誘われる（鹿児島市・磯庭園、8月、山本）

ありふれた住宅の玄関横のわずかな空間に生育できる植物としてホウオウチクが選ばれ、きれいに刈り込まれている（福岡市博多区、5月、柴田）

玄関脇の塀越しにトウチクをみせている。この緑がない景を考えると、狭い空間にも生育できる植物の重要さが理解できる（東京都北区・S邸、6月、樫山）

建築物の隙間にできた空間にトウチクを植栽している。この緑は大きなインパクトを与えている（東京都新宿区・I邸、5月、樫山）

狭い空間に、敢えて緑を得るために植栽地をつくり、トウチクを配した例である（東京都新宿区中町、2月、樫山）

伝統的植栽

竹・笹を生かした
生垣・庭垣と塀

多くの竹・笹利用では、その自然形を楽しむことが一般的である。その一方で、生垣として竹・笹を利用する例も多い。この場合には、整形のためにはさみが入れられることになる。また、自然形のままに維持して、塀越しに竹の葉束をみせることによって塀の風景にアクセントを与える場合もある。生垣としての竹・笹利用は数多くみられる。敷地境界に用いられる生垣は、時としてスクリーンとしての役割も求められるため、目的に応じてさまざまな高さにそろえられる。

高生垣には、ナリヒラダケ、カンザンチクなどが用いられる。南西日本では、地下茎の拡大の心配がない株立ち型のホウライチクやタイサンチクも用いられる。高さ2m程度の生垣で多くみられるのは中型竹の利用であるが、地際近くから枝を出し、刈り込むことによって葉を密につけることができるカンチク、ホテイチクやトウチク、ホウライチクなどが用いられる。

土地に余裕がある場合には、このような生垣の前面にオカメザサなどを用いた低生垣が並行して仕立てられる場合もある。低生垣や中庸の高さの生垣は、広大な庭の内部で仕切り垣として利用されることも多い。さらに、独特の生垣としてハチクの稈上部を引いてきてつくる桂垣のような例もある。

低生垣にはオカメザサ、刈り込みに強いネザサの仲間や株立ち種のホウオウチクなどが用いられる。高さ数十cmに刈り込まれた低生垣は、低木を用いた生垣に匹敵する美しさを与えてくれる。

道とキンメイモウソウの植栽との間に植えられた仕切りとしてのカンチクの生垣である（京都市西京区・洛西竹林公園、6月、永田）

粗い刈り込みによって、量感のあるホウオウチクの仕切り植栽がつくりだされている（大阪府岸和田市・近畿道岸和田SA、９月、柴田）

玄関へのアプローチと仕切りを兼ねたシホウチクの生垣が住宅に潤いを与えている（神奈川県鎌倉市、８月、熊谷）

道に面したトウチクの列植が玄関脇、窓外の目隠しなどのさまざまな役割を演じている。狭い空間に植栽ができる種ならではの利用である（東京都文京区根津、５月、柴田）

公園と駐車場を仕切るトウチクの新しい植栽である。公園の雰囲気が守られている（熊本市・水前寺公園成趣園、6月、山本）

道に面してカンチクを密に仕立てた生垣がある。刈り込みによって厚い緑が得られた（神奈川県鎌倉市、5月、柴田）

上の写真の改植前の状態である。トウチクの高生垣が駐車場の存在すら感じさせない（熊本市・水前寺公園成趣園、2月、柴田）

時として町のブロック全体がこのクロチクのようなすばらしい生垣で彩られている街並みがある（佐賀県唐津市、5月、柴田）

この町にはカンチクを中心にした生垣の続く景があり、町に落ち着きを与えている（山口県萩市、11月、柴田）

広大な公園の一画にあるホウライチクの生垣である。園路の両側に配することによって、訪れる人を誘導していく（熊本県水俣市・水俣竹林園、11月、柴田）

膝の高さほどに揃えられたオカメザサが園路を彩っている。低い生垣がその先にある石橋を示し、落ち着いた雰囲気をつくりだしている（熊本市・水前寺公園、7月、山本）

寺の山門に至る道に沿って自生と思われるネザサが低生垣として利用されている（京都市左京区・安楽寺、6月、永田）

街並みで有名なこの町でもカンチクの生垣が落ち着きを与える材料として利用されている（鹿児島県知覧町、7月、柴田）

この町にはホウライチクの生垣も多い。数種の竹の生垣が町にアクセントを与える（佐賀県唐津市、5月、柴田）

広大な敷地を囲う無味乾燥となりがちな塀にオカメザサの低生垣が安らぎを与えてくれる（京都市左京区・哲学の道付近、6月、永田）

庭園の中仕切りとしてホウライチクが植栽され、庭園にアクセントと奥行きを与えている（京都府八幡市・松花堂庭園、6月、永田）

オカメザサとサツキの二列の刈り込みが、庭園内の施設に園路からの奥行き感を与えている（熊本市・水前寺公園、７月、山本）

株立ち性のホウライチクは地下茎が広がらないことから、空間がありながら広がることを望まない場所では生垣として使いやすい（佐賀県唐津市、５月、柴田）

自然の林と庭園の園路を仕切る材料としてオロシマチクが用いられている。背後の空間に合う種の選択と管理が行われている（神奈川県横浜市中区・三溪園、６月、樫山）

ホウライチクの生垣に囲まれた住宅である。門の両側にも同様の生垣が配されている(佐賀県唐津市、5月、柴田)

施設の中を見せず、入り口に訪問者を導く動線としてスズコナリヒラの生垣が配されている(鹿児島県さつま町・竹工芸センター、7月、山本)

稈先をとばして高さをそろえ、シホウチクの葉束の魅力を活用した住宅の生垣である(京都市左京区・京都大学農学部付近、6月、永田)

動物園の施設という殺風景になりがちな建物を、ホテイチクの密な生垣が隠している(東京都台東区・上野動物園、6月、樫山)

シホウチクは大きめの葉が枝垂れ気味につくため、穏やかな景を演出できる(京都市左京区・京都大学農学部付近、6月、永田)

限られた空間にトウチクを仕立て、料亭内への外からの視界を遮っている（東京都新宿区神楽坂・料亭、6月、樫山）

外からの視界を和らげる一方、店内からの眺めも配慮したトウチクの列植である（東京都新宿区軽子坂・鶏味座茶家、6月、樫山）

外からの景を重視したトウチクの列植である。前庭も兼ねた仕立て方になっている（東京都新宿区・料理屋、8月、樫山）

現在は桂離宮でしかみられない、ハチクの稈上部のみ用いた桂垣である。背後には利用しているハチク林が見える（京都市西京区・桂離宮、5月、柴田）

桂垣で利用するハチクの稈は背後のハチク林から引いてくる。垣の芯として建仁寺垣を用意し、その上端に稈をつけて折り曲げて留め、外側に稈先を沿わせる（京都市西京区・桂離宮、5月、柴田）

オカメザサを最大限に伸ばして用いた生垣である。前面には低く仕立てたオカメザサを配し、下にも隙間ができないようにしている（京都市左京区・哲学の道付近、6月、永田）

背後の竹林と園路との間に植栽されたホウショウチクである。この種はホウライチクの品種で葉に白条が入ることから時折利用される（京都市西京区・洛西竹林公園、6月、永田）

数種の樹種とリュウキュウチクを用いた混ぜ生垣である。長い距離が気にならない変化に富んだ生垣になっている（京都市上京区、皇宮警察、6月、永田）

土塁上に植栽されたタイミンチクを生垣風に仕立ててある。上部は自然形のままとし、足元のみを刈り込んで隙間のない緑ができあがっている（茨城県水戸市・偕楽園、5月、樫山）

竹垣の前にその面白さを損なわない程度に自然生えのアズマネザサが管理されている（東京都北区・名主の滝公園、５月、樫山）

ナリヒラダケを高生垣に利用している。強健な性質が求められる場合この種は有効である（熊本県水俣市・水俣竹林園、11月、柴田）

高い塀の足元をごく控えめに低く刈り込まれたオロシマチクがアクセントを与えている（東京都新宿区加賀町、２月、樫山）

簡素な生垣に埋もれるようにナリヒラダケが植栽されている。今後の生育が期待される（東京都北区・ふるさと農家体験館、５月、樫山）

一般の住宅で裏口の要素を隠すことを兼ねてシホウチクが植栽されている。わずかな空間にシホウチクの葉束が量感を与えている（京都市左京区・哲学の道付近、6月、永田）

公園の仕切りとして植栽された生垣である。ヤダケの生垣の前にカンチクを用いた低生垣が配され、色彩的な組み合わせが楽しめる（鹿児島市・鴨池緑地公園、3月、柴田）

広い前庭の最前で簡素な四つ目垣とともにコグマザサが、背後の前庭の趣を高めている（東京都北区・小山酒造、6月、樫山）

竹・笹を取り込んだ庭（主庭・坪庭など）

竹・笹は主庭の構成植物としても利用価値が高い。庭園の面積に合わせてさまざまな使い方がある。広大な庭園では、主庭の中心的存在として竹林が配されることがある。また、庭園の背後でスクリーンとしての役割を求められることも多い。歴史的庭園では、もともと存在する竹林をそのまま景の中に取り込んだ例もある。

大きな緑のかたまりを期待する場合にはモウソウチクやマダケが用いられるほか、色彩的なインパクトを求める場合にはキンメイモウソウが用いられる。大型竹や中型竹を敢えて小さめに仕立てて、中景や近景をつくりだす場合もある。この場合には、大型竹のモウソウチクや中型竹の各種が用いられる。稈の色や形を楽しむために、キッコウチク、クロチク、キンメイチク、ホテイチク、ラッキョウヤダケ、カンチク、チゴカンチクなどが植栽される。

近景としては、構造物に近接して、窓外の竹の葉束を楽しむことも行われる。そこには、トウチクやスズコナリヒラが用いられることが多い。主庭の点景をつくりだす材料としては笹が用いられることが多い。景をつくりだす要素のひとつである灯籠、手水鉢、井筒などへの添え、高木の足元を彩る根締め、景石に対する石付きなどの利用にはクマザサ、カンチク、チゴザサ、ヤダケなどが用いられ、効果的な演出が行われる。

京都の町家などでは坪庭にも竹はよく利用される。中型竹のシホウチクやトウチクなどがよく用いられる種である。

主庭への門の脇をオカメザサの一叢が彩っている。中の庭への期待が高まる（鹿児島県さつま町・かぐや姫の里、7月、山本）

主庭の一画にある手水鉢を低く仕立てられたチゴカンチクが添えとして引き立てている(愛知県犬山市・有楽苑、6月、樫山)

児童公園には珍しい和風造園空間にある景石の石付きとしてコグマザサが植えられている(東京都北区・赤羽南二丁目児童遊園、5月、樫山)

和風に整備された小さな主庭に低く刈り込まれたオカメザサが主景を構成している（岡山市足守、10月、柴田）

主庭の一画に仕立てられたクロチクの一叢である。この写真はクロチクの新稈が伸長した時期のものであり、新稈の色はまだ緑である（京都府八幡市・松花堂庭園、6月、永田）

広大な公園に配された四阿の脇にキッコウチクが植栽されている。足元の刈り込まれたオカメザサとともに公園にインパクトを与えている（熊本県水俣市・竹林園、8月、山本）

庭園の片隅に置かれた石灯籠を際立たせるカンチクの植栽である。控えとして効果的に管理されている（和歌山市・紅葉渓庭園、9月、柴田）

広い庭園の園路に沿って低木とともに配されたクマザサの地被利用が効果的である（京都市右京区・嵐山周辺、６月、永田）

大型で稈の色彩が鮮やかなキンメイモウソウは、竹林に仕立てると主庭にすばらしい効果をもたらす。稈の黄色と量感豊かな緑の対比は愛でるに値する（京都府八幡市・松花堂庭園、６月、永田）

主庭の片隅に植えられたコマチダケである。細かな葉束とこぢんまりとした一叢は、庭園に穏やかなインパクトを与えてくれる（京都府八幡市・松花堂庭園、６月、永田）

公園の中にしつらえられた建物を囲むようにしてチゴザサが豪快に管理されている。野性的に維持することによって建物が引き立っている(鹿児島県さつま町・北薩広域公園、7月、山本)

竹・笹を数多く植栽したこの庭園ではさまざまな竹の造園的利用が楽しめる。マダケ林にケヤキを配した植栽である。林床のシランの花は初夏を彩る(兵庫県姫路市・好古園 竹の庭、6月、柴田)

カムロザサの鮮やかな色彩を地被に応用している。園路沿いの景石との組み合わせもよい（東京都江東区・清澄庭園、7月、樫山）

シロシマシイヤは葉の色が褪せにくく、環境条件の劣る場所での地被に適している（京都府八幡市・松花堂庭園、6月、永田）

カムロザサの葉は梅雨の前後の時期に最も鮮やかである（東京都江東区・清澄庭園、7月、樫山）

シロシマシイヤの葉が持つ白条は、穏やかであるが強さを感じさせる（京都府八幡市・松花堂庭園、6月、永田）

一面に植栽されたコグマザサが、異なる緑を持つイヌマキとの対比を際立たせている。背後の竹垣との対比もすばらしい(京都市西京区・洛西竹林公園、6月、永田)

広い回遊式庭園には控えめに仕立てられたモウソウチクの一叢と、景石の石付きを兼ねたオカメザサの地被のような組み合わせもつくりだせる(東京都文京区・六義園、3月、樫山)

園路に沿った低生垣、あるいは高木の根締めとして、造庭時からあったと思われるアズマネザサが利用されている(神奈川県横浜市中区・三溪園、8月、柴田)

竹に囲まれた空間に株立ち竹であるホウオウチクの一叢が存在を主張している。芝生との取り合わせも絶妙である（京都市西京区・洛西竹林公園、6月、永田）

飛び石が導いてくれる動線の中で小さく仕立てられたコマチダケが視界に入る。柔らかに歩く方向の変化を教えてくれる（京都市西京区・洛西竹林公園、6月、永田）

歴史的庭園の中では数少ない、大面積の地被としてオカメザサが用いられた例である（東京都文京区・小石川後楽園、1月、樫山）

庭園の中に自生したであろうネザサがそのまま地被として利用されている（京都府八幡市・松花堂庭園、６月、永田）

自然林を感じさせる主庭の一部にホウオウチクの一叢がアクセントを与えてくれる（愛知県犬山市・有楽苑、６月、樫山）

落葉樹からなる疎林の林床としてオカメザサが地被として植栽されている（東京都港区・八芳園、２月、樫山）

石付きとしてスズダケが用いられたまれな例である。本種は韓国で多用されている（愛知県犬山市・有楽苑、6月、樫山）

幾何学的に動線を示す竹垣を低く仕立てられたカンチクが柔らかい景にしている（東京都文京区・六義園、3月、樫山）

かつての大名庭園で、サツキとともに石付きとして利用されたクマザサである（東京都文京区・小石川植物園、5月、柴田）

地被として植栽されたコグマザサが点景もつくりだしている（東京都港区・八芳園、2月、樫山）

刈り込まれたオカメザサが谷を隔てた対岸の竹・笹との一体感を生み出している(京都市西京区・洛西竹林公園、6月、永田)

広大な庭園の中に配された四阿を丸く刈り込まれたオカメザサが引き立てている(熊本県水俣市・水俣竹林園、8月、山本)

竹を主体としたこの公園ではカンチクが地被のような景を与えてくれている。近景として稈の色彩も楽しめる（京都市西京区・洛西竹林公園、6月、永田）

カムロザサの葉が与えてくれる鮮やかな黄金色は、広大な公園にもインパクトを与えてくれる。ぜひ使いたい種である（京都市西京区・洛西竹林公園、6月、永田）

チゴザサも鮮やかな白条によって庭園に色彩的なインパクトを与えることができる。地被、花壇植栽として有効である（京都市西京区・洛西竹林公園、6月、永田）

白砂とホテイチクだけがつくりだす簡素でありながら、インパクトの強い空間である。背後の白壁とともにホテイチクの緑が際立つ(愛知県犬山市・有楽苑、6月、樫山)

景石の周囲にシホウチクを植栽することによって、笹の石付きとは異なる高さと落ち着きを持った景がつくりだされている(愛知県犬山市・有楽苑、6月、樫山)

オロシマチクがつくりだす芝生のような景は、公園には最適の植物材料のひとつである（京都市西京区・洛西竹林公園、6月、永田）

アケボノザサの葉束は季節の進みにつれて微妙な色彩的変化を楽しませてくれる（静岡県長泉町・富士竹類植物園、10月、熊谷）

主庭に造られた建築に瀟洒なインパクトを与えているシホウチクである（東京都新宿区・新宿御苑 楽羽亭、5月、柴田）

チゴカンチクも白砂やコケとの相性がいい。低く仕立てられた本種がもたらす効果は秀逸である（愛知県犬山市・有楽苑、6月、樫山）

早春に塀越しにみたシホウチクの植栽である。外からみる主庭の竹も効果的である(東京都台東区・旧岩崎邸庭園、２月、樫山)

主庭の背景として植栽されたホウライチクは庭外にもすばらしい景を与える(鹿児島県指宿市、７月、柴田)

豪壮な屋敷の車寄せ前にある前庭的な空間に用いられたクマザサである(東京都北区・旧古河庭園、５月、柴田)

主庭の落葉樹や低木とともにクマザサが植栽されている。クマザサはサツキとともに根締めであると同時に庭園の構成種でもある（愛知県犬山市・有楽苑、6月、樫山）

住宅建物に近接する空間で、コグマザサを生かして動線を補助するために利用した例である（茨城県水戸市・M邸、5月、樫山）

動線をつくりだす飛び石の流れをより明確にするためにコグマザサが植栽されている（東京都新宿区・寺内公園、5月、樫山）

もともとそこにあったネザサを主庭の林床植生として利用している（京都府八幡市・松花堂庭園、6月、永田）

竹垣とオカメザサの刈り込みが中仕切りとしての役割を演じている（東京都北区・音無親水公園、5月、樫山）

根締めとして低く仕立てられたチゴカンチクがイヌマキとひとつの景をつくっている（愛知県犬山市・有楽苑、6月、樫山）

クマザサが庭園の動線を足元で彩っている（神奈川県横浜市中区・三溪園、6月、樫山）

流れがつくりだす空間を、コグマザサが柔らかく包み込んでいる（東京都港区・八芳園、2月、樫山）

冬には主庭への入り口を隈の入った葉を持つクマザサの植栽が迎えてくれる（東京都文京区・六義園、3月、樫山）

イベント会場でもチゴカンチクとチゴザサが魅力的に用いられる（京都市下京区梅小路、11月、柴田）

主庭の点景として配された石灯籠をクマザサが際立たせている（東京都北区・法真寺、5月、樫山）

主庭の背後で隣地とのスクリーンとして植栽されたトウチクである（京都市左京区、5月、柴田）

典型的な根締めの例である。秋には美しく彩るカエデの足元に1年を通して緑豊かなクマザサが配されている(愛知県犬山市・有楽苑、6月、樫山)

石灯籠の背後を小さく仕立てられたクロチクが控えとして配されている。竹はいかようにも高さを変えられるところがひとつの魅力である(神奈川県横浜市中区・三溪園、6月、樫山)

庭園に造られた建物を引き立てるために葉束の色も鮮やかなスズコナリヒラがある（神奈川県横浜市中区・三溪園、六月、樫山）

コグマザサの地被としての植栽が根締め、石付きとしての役割を果たしている（東京都北区・名主の滝公園 薬医門、5月、樫山）

主庭への動線の中でその入り口付近にスズコナリヒラが配されて、小さく仕立てられている（東京都北区・法真寺、5月、樫山）

ちょっとした余地を彩る造園材料としてコグマザサが用いられる（神奈川県横浜市中区・三溪園、6月、樫山）

主庭を彩るさまざまな植物材料と利用方法の中でクマザサの利用価値は高い（愛知県犬山市・有楽苑、6月、樫山）

井筒の添えとしてホウオウチクが用いられている（鹿児島市・磯庭園、8月、山本）

主庭の構成種であるカエデを引き立てるオカメザサの刈り込みが効果的である（東京都港区・浜離宮恩賜庭園、5月、柴田）

主庭の動線両側で低く刈り込まれたオカメザサが景を引き締めている（東京都港区・八芳園、2月、樫山）

冬季に広大な庭園を逍遥する中で出合う隈の入ったクマザサの葉は、季節感を与えてくれる貴重な存在である（東京都文京区・六義園、３月、樫山）

竹を効果的に配すると、地被としてカムロザサやオロシマチク、竹林としてキンメイモウソウ、カタシボチク、シホウチクなどが一望のもとに楽しめる（兵庫県姫路市・好古園竹の庭、６月、柴田）

もともとあったアズマネザサをそのまま園路沿いの地被として刈込み利用した。関東ではこのような例が特に多い(東京都江東区・清澄庭園、7月、樫山)

チゴザサは主庭に年間を通じて色彩的インパクトを与えることができる造園材料である。刈り込みの頻度や強度によってさまざまな演出ができる(鹿児島県さつま町・北薩広域公園、7月、山本)

クマザサは時として豪壮かつ奥行きのある空間をイメージさせる造園材料となる(東京都江東区・清澄庭園、７月、樫山)

名水・古香井の周辺に、その深遠さを感じさせるために配されたオカメザサである(東京都文京区・椿山荘、４月、樫山)

トウチクが庭の一画で丸く仕立てられた例である。その葉束に思わず目を引きつけられる(東京都台東区、５月、柴田)

比較的新しい造園例では、疎林の地被としてコグマザサの利用が盛んである。コグマザサは冬季の落葉量も少ない(東京都千代田区・皇居東御苑、5月、樫山)

高い稈高でアカマツの根締めとしてクマザサが配されている。白っぽい隈が美しい(東京都新宿区・新宿御苑、2月、樫山)

主庭の園路に沿って自生のアズマネザサが利用されている。そのまま池に至る動線の中で本種の緑が歯止めをかけている（東京都江東区・清澄庭園、７月、樫山）

旬を過ぎたカムロザサは徐々にその鮮やかさを失っていく。その色彩の微妙な変化は季節の移ろいを感じさせる（京都府八幡市・松花堂庭園、６月、永田）

公園設置前からそこにあったであろう100年にわたるアズマネザサの利用である（東京都千代田区・日比谷公園、７月、樫山）

自生と思われるアズマネザサが四阿に至る石畳を強調している(神奈川県横浜市中区・三溪園、6月、樫山)

根締めとして植栽されたクマザサの冬季の景である(東京都文京区・六義園、3月、樫山)

根締め、縁石の添え、さらには大面積の地被としてコグマザサが利用されている(神奈川県横浜市中区・三溪園、6月、樫山)

小さな庭園における景石の石付きと地被としてのコグマザサの利用である（京都府八幡市・松花堂庭園、６月、永田）

主庭を仕切る竹垣の前にオロシマチクが地被として維持され、奥行き感を出している（京都市西京区・洛西竹林公園、６月、永田）

階段に沿って低木と自然生えと思われるネザサが配されている（京都市右京区・嵐山周辺、６月、永田）

庭園の池岸を自然生えのネザサを用いて量感のある緑にしている（京都市上京区・九条邸跡、６月、永田）

園路沿いの植え込みの地被としてコグマザサが利用されている（京都市上京区・九条宮、６月、永田）

庭園の片隅にある景石に添えられたクマザサである。ちいさな空間だが目を引かれる（京都市右京区・天竜寺、６月、永田）

広大な庭園に配された高木や景石の足元を埋め尽くすように、アズマネザサが地被として利用されている(東京都江東区・清澄庭園、5月、柴田)

五月晴れの下、青々としたクマザサの新葉と鮮やかな黄金色のカムロザサの新葉が、折しも咲き誇るシランの紫紅の花とともに庭園に色彩を与えている(東京都江東区・清澄庭園、5月、柴田)

庭園の塀に沿って位置を変えて仕立てられたいくつかのシホウチクの一叢が塀までの奥行き感を増している（京都市右京区・天竜寺、6月、永田）

主庭に至る動線に沿って、片側にある塀の無機質さを和らげる目的もあわせて、トウチクの列植が配されている（香川県丸亀市・中津万象園、4月、柴田）

鮮やかな白条を持つチゴザサの向こうに、モウソウチクのトンネルを通してカムロザサがみえる(兵庫県姫路市・好古園 竹の庭、6月、柴田)

庭園に面した窓の外に竹の葉束を楽しめるように植栽されたトウチクである(鹿児島市・磯庭園、8月、山本)

玄関脇に配された景石にアズマネザサが石付きとして利用されている(東京都文京区、5月、柴田)

主庭に配されたいくつかの景石のそれぞれに管理の行き届いたクマザサがある(東京都台東区・旧岩崎邸庭園、5月、柴田)

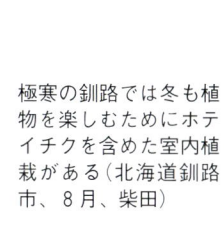

極寒の釧路では冬も植物を楽しむためにホテイチクを含めた室内植栽がある(北海道釧路市、8月、柴田)

広い庭園では大型の竹がよく似合う。ここではキッコウチクが配され、葉の緑と同時に稈の奇形を楽しめる（京都府八幡市・松花堂庭園、６月、永田）

比叡山の借景が有名なこの庭園では、間に入る雑景を避けるため、モウソウチクが仕切りとして植栽され、稈上部をとばして維持されている（京都市西京区・円通寺、６月、柴田）

主庭に至る動線に沿って、キンメイチクとオカメザサが彩りを添えている(鹿児島県さつま町・かぐや姫の里、7月、山本)

主庭の一画を奔放に生長させたニタグロチクが占めている(京都府八幡市・松花堂庭園、6月、永田)

主庭の仕切りとして、奥行きのない場所でトウチクが高く仕立てられている（京都府八幡市・松花堂庭園、6月、永田）

空間的に余裕がある場所では、ホテイチクの密な植栽も仕切りとして有効である（京都府八幡市・松花堂庭園、6月、永田）

園路の動線を強調するために背後にナリヒラダケ、間にカムロザサ、最前にオロシマチクが配されている（熊本県水俣市・水俣竹林園、8月、山本）

茶庭の一画を背後の主庭と仕切るためにシホウチクが植えられている（京都市西京区・洛西竹林公園、6月、永田）

南西日本では時として屋敷林の構成植物としてハチクなどの大型種が植栽される（高知県南国市、4月、柴田）

池に沿った一画を大きく育てられたホウオウチクが存在感を示している（神奈川県横浜市中区・上海横浜友好園、8月、柴田）

庭園の中仕切りとして竹垣とともに配されたカンチクが効果的に用いられている（茨城県水戸市・偕楽園、5月、樫山）

茶室に至る飛び石に沿ってその動線を強調するようにメダケが植栽されている（京都府八幡市・松花堂庭園、６月、永田）

ハチクの林が庭園に奥行きを与えている。スケール感を増す植栽である（京都府八幡市・松花堂庭園、６月、永田）

左の写真と同じ庭園に植栽されたホテイチクの林である。竹林のさわやかさを感じさせる（京都府八幡市・松花堂庭園、６月、永田）

豪壮でありながら鮮やかな色彩に満ちたキンメイモウソウは広大な庭園によく合う。足元に植栽されたリュウノヒゲの深緑色も効果的である(京都市西京区・洛西竹林公園、6月、永田)

庭園の片隅に濃い葉束を持つタイミンチクが仕立てられている（神奈川県横浜市中区・三溪園、６月、樫山）

主庭の一画にイヌマキの生垣を隔ててホテイチク林が楽しめる（京都府八幡市・松花堂庭園、６月、永田）

周囲の喧噪から守るようにモウソウチクが建物を取り囲んでいる（東京都港区・八芳園、２月、樫山）

水琴窟と景石にアカマツとともに背後から趣を与えているキッコウチクである（熊本県水俣市・水俣竹林園、８月、山本）

列植されたタイミンチクである。日本では珍しく玉仕立てとなっている。定期的な刈り込みと稈密度の管理によってこのような景がつくりだせる（茨城県水戸市・偕楽園、５月、樫山）

リュウキュウチクを奔放に育て、ダイナミックな列植がつくりだされている。広大な庭園での利用例として参考になる（静岡県長泉町・富士竹類植物園、10月、熊谷）

庭園背後の裏山の麓に広がるモウソウチク林である。庭園と自然林を仕切る存在として竹林が利用されている（鹿児島市・磯庭園、８月、山本）

この庭園のモウソウチクは日本で最初に本種が中国から導入された場所のひとつといわれている（鹿児島市・磯庭園、８月、山本）

モウソウチク林をそのまま庭園的に利用した。竹林内を通る園路が期待を抱かせる（神奈川県鎌倉市・報国寺、9月、熊谷）

うっそうと茂ったモウソウチク林は、庭園に奥行きを与える（神奈川県鎌倉市・報国寺、9月、熊谷）

庭園の周囲にマダケが仕切りとして植栽されている。俗世との隔絶を感じさせる（熊本県水俣市・水俣竹林園、6月、山本）

主庭に茶室の存在を示すようにタンバハンチク（ウンモンチク）が一叢配されている（愛知県犬山市・有楽苑、6月、樫山）

株立ち性のホウライチクは庭園のひと隅にアクセントを与える植物として貴重である（京都市西京区・洛西竹林公園、6月、永田）

庭園を取り巻く樹林の前に景の受け渡し役としてシホウチクが四つ目垣とともに用いられている（愛媛県宇和島市・天赦園、吉河）

主庭の背後のトウチクと外とを仕切る塀の外に植栽、仕立てられたオカメザサである(京都府八幡市・松花堂庭園、6月、永田)

ホウライチクの変種であるスホウチクは稈の色彩的な美しさから用いられることが多い(京都府八幡市・松花堂庭園、6月、永田)

竹垣越しによく茂ったタイミンチクが趣を与えている(神奈川県横浜市中区・三渓園、6月、樫山)

園路に沿って展開されるマダケ林の景が庭園の景に変化を与えている（京都府八幡市・松花堂庭園、６月、永田）

広大な敷地内に四阿のように配された店の前にヤダケがアクセントを与えている（東京都文京区・椿山荘そば処無茶庵、４月、樫山）

門脇の塀越しに主庭のラッキョウヤダケの葉束が彩りを添えている（茨城県水戸市・M邸、５月、樫山）

主庭の中仕切り垣に沿ってシホウチクが植栽されている（京都府八幡市・松花堂庭園、6月、永田）

幅のある仕切りが確保できる場合にはクロチクのような中型竹も仕切りに利用できる（京都市西京区・洛西竹林公園、6月、永田）

樹林地に接した空間との仕切りに四つ目垣とオカメザサが用いられている（茨城県水戸市・偕楽園、5月、樫山）

オロシマチク、モウソウチクなど造園植物すべてに竹が用いられた庭園である（兵庫県姫路市・好古園、柴田）

主庭の構成種としてつくりだされたモウソウチク林の足元をオカメザサが彩っている（香川県丸亀市・中津万象園、4月、柴田）

ハチクは自生種で周期的に開花すると考えられている。これは開花後の再生竹である（京都市西京区・洛西竹林公園、6月、永田）

主庭の地被としてオロシマチクが植栽され、芝生のような空間がつくりだされている（京都市下京区・朱雀公園梅小路、柴田）

ホテイチクが公園の造園空間を彩っている。見切りとして本種が植栽された。さらなる竹の養生が期待される（滋賀県草津市・水生植物公園、5月、柴田）

温暖な南西日本では株立ち性のタイサンチクが庭園に用いられることがある。駐車場の傍らを彩っている（鹿児島市・県庁北駐車場、8月、山本）

竹・笹を生かした ランドスケープデザイン

公共造園や私的な空間で斬新な造園デザインが求められる場合に、竹・笹が用いられる例が増えている。現代的な構造物によく合う造園植物として竹・笹が再認識されているためである。そこには日本人の感性だけではなく、国際的な感性も持ち込まれているところに斬新さがある。

次章で述べるように、外国には日本の伝統的なデザイン感覚とは異なる感覚がある。それらが日本に取り入れられていく過程で、日本の竹・笹を用いた造園デザインにも大きな影響がもたらされた。

現在、新たな都市再開発が行われている空間や斬新な住宅デザインを求める人々の中で、竹・笹が古くて新しい造園材料として迎え入れられている。そのような空間で竹・笹が用いられる理由には、付随する構造物との相性のよさがある。竹の稈が持つ通直性は、垂直方向と水平方向の組み合わせから成り立つことが多い現在の構造物に合う材料として認識されている。また、笹は広大に広がる地被的利用によって構造物の水平方向の広がりを強調する材料として歓迎されている。

さらに重要なことは、活着に成功すれば、その後は管理に要する労力が少なくてすむ点である。もちろん、求める状態によっては伝統的な利用方法と同等の管理が求められる場合もあるが、粗放な管理によってもある程度の美しさが維持できる点は、竹・笹の大きな利点である。このような使いやすさに斬新なデザインが相まって、竹・笹の新たな造園利用が拡大している。

公園空間でベンチを囲む植栽としてオカメザサが植栽された。椅子に合った高さに刈りそろえられている（東京都新宿区・新宿御苑、２月、樫山）

伝統的な根締めとしてのオカメザサの利用であるが、面積・高さの点でみたとき、斬新なスケールが興味深い（茨城県水戸市・近代美術館、７月、樫山）

オカメザサを長距離の園路植栽として刈り込み管理している（東京都千代田区・北の丸公園、３月、樫山）

簡素なベンチの背後に高く仕立てられたヤダケがひとつのまとまった景をつくりだしている（東京都台東区・上野動物園、3月、樫山）

動物園の一画に植栽された樹木の地被としてクマザサが活躍している（東京都台東区・上野動物園、6月、樫山）

限られた空間に豊かな緑を得るために、トウチクとナリヒラダケを用いている（東京都新宿区・寺内公園、5月、樫山）

関東には自生のアズマネザサをそのまま地被として用いた造園が数多く認められる（東京都千代田区・皇居東御苑、8月、樫山）

オカメザサが花壇の花のように利用されている公園（東京都千代田区・日比谷公園、７月、樫山）

キリシマコスズのような地域的な種は、これからの造園材料として多く活用していきたい（鹿児島県さつま町・竹工芸センター、７月、山本）

東京の都心部に植栽されたトウチクである。近代的な建物に合う造園材料として竹・笹の利用が増加している（東京都港区六本木・アークヒルズ森ビル、7月、熊谷）

需要が高まっているモウソウチクの変種であるアケボノモウソウの列植である。都市空間に合う造園材料として注目されている（東京都千代田区永田町・プルデンシャルタワー、7月、熊谷）

都心のオフィス街には意外にも数多くの竹・笹が植栽されている。このモウソウチクもそんな事例である（東京都千代田区・霞が関ビル、７月、熊谷）

新しくできた高級ホテルの一画でアケボノモウソウがレストランへの道を緑鮮やかに演出している（東京都港区・赤坂インターシティ響風庭赤坂店、７月、熊谷）

アケボノモウソウは比較的狭小な空間にも導入できる大型竹である（東京都港区六本木・泉ガーデンタワー、7月、熊谷）

20年以上前からアトリウムに導入されているモウソウチクである（東京都港区六本木・アークヒルズ森ビル、7月、熊谷）

大きな建物に対しても堂々と渡り合える造園材料としてアケボノモウソウのような大型竹が利用される例が増えている（東京都港区六本木・泉ガーデンタワー、7月、熊谷）

ホテルのような公共的空間にも竹・笹が用いられることが多い。このモウソウチクは、宿泊者に日本文化を感じさせる役割を果たしている（東京都豊島区西池袋・ホテルメトロポリタン、8月、熊谷）

アケボノモウソウの狭小な空間への植栽である。無機質な壁を有機的な緑の空間に変身させている（東京都港区六本木・泉ガーデンタワー、7月、熊谷）

アケボノモウソウの街路樹的な利用である。高層ビルの垂直方向の線にマッチする造園材料としての竹の利用が進んでいる（東京都港区・六本木ヒルズグランドハイアット東京、7月、熊谷）

高層ビル街に合う植物としてのアケボノモウソウの植栽である（東京都港区・カレッタ汐留、7月、熊谷）

モウソウチクが高層建築を引き立てる造園材料として植栽されている。白砂と緑が街路の景にすがすがしさを与えている（東京都台東区上野・マンション、８月、熊谷）

オカメザサのような低い竹も現代的な建物に合う植物材料として多用される。建物がつくりだす強い直線性が和らぐ（東京都新宿区加賀町・マンション、２月、樫山）

人々が集まる空間にアケボノモウソウの植栽がある。ゆったりとした竹林の景の中で清浄な雰囲気に親しむことができる（東京都港区・コスモ青山、7月、熊谷）

オフィスビルの入り口に配されたアケボノモウソウである。日本で最も都会的な空間に竹・笹が積極的に利用されつつある（東京都港区・汐留タワー、7月、熊谷）

モウソウチクの植栽を、１階からは稈を、２階からは葉束を楽しむ（東京都港区青山・オーバルビル、７月、熊谷）

都会のビルに挟まれた空間にアケボノモウソウが緑を提供している（東京都台東区秋葉原・クロスフィールド、９月、熊谷）

街路樹として植栽されたキンメイモウソウとオカメザサである。日本に数例がある（鹿児島県さつま町、７月、柴田）

建物と道路の間のわずかな空間にモウソウチクが植栽されている（東京都目黒区駒場・日本民芸館、8月、熊谷）

斬新なデザインの建物にアケボノモウソウの葉束がアクセントを与えている（東京都港区麻布十番・ジュールＡ、７月、熊谷）

都市空間のデザインを引き立てる存在としてアケボノモウソウが選ばれている（東京都品川区・品川イーストワンタワー、9月、熊谷）

公共空間の一画に配された樹木植栽の足元をコグマザサが彩りを与えている（東京都世田谷区、5月、柴田）

フレームとして切り出された窓辺の空間にトウチクが旺盛に茂っている（東京都港区溜池・中華料理店、7月、熊谷）

斬新なデザインの空間に幾何学的に配植されたモウソウチクである（兵庫県上郡町・西播磨新都市、5月、柴田）

半地下の広場に置かれたアケボノモウソウのコンテナ植栽が潤いを提供している（東京都港区・カレッタ汐留、7月、熊谷）

公園の一画にヤダケが濃い緑陰を与えている。ここだけが別世界のようである（東京都千代田区・日比谷公園、7月、樫山）

広大な公園の外縁部にモウソウチク林が配され、内部の静かな空間を守っている（東京都世田谷区・砧公園、8月、熊谷）

ホテル中庭の景にモウソウチクが用いられている。竹は水の景とよく合う（東京都新宿区・京王プラザホテル、７月、熊谷）

ビルの外構の人工地盤上にも十分な植栽基盤があればモウソウチクが植栽できる（東京都港区六本木・アークヒルズ森ビル、７月、熊谷）

動線に沿った幾何学的な枡の配列の中にコグマザサが配されている（東京都千代田区三番町、３月、樫山）

ビル入り口近くで、コンテナ植栽されたトウチクが客を迎える（東京都港区・六本木ヒルズグランドハイアット東京、７月、熊谷）

ビルの谷間の限られた空間に付帯設備を隠すために植栽されたアケボノモウソウ(東京都千代田区永田町・プルデンシャルタワー、7月、熊谷)

イベントでの一時的な利用であるが、壁面緑化にコグマザサが用いられた例である（愛知県瀬戸市、６月、柴田）

鮮やかな紅色の稈を持つチゴカンチクのコンテナ植栽が空間に彩りを与えている（東京都台東区、５月、柴田）

将来の公園化を踏まえてクマザサやモウソウチクの大面積の植栽が行われている（愛知県瀬戸市、６月、柴田）

長年にわたって多くの旅人を迎えてきたオカメザサの大面積の地被植栽である（東京都中央区・ＪＲ東京駅丸の内口、２月、樫山）

オカメザサは土壌条件や水分条件に対する適応力が高く、豊かな葉束を持つ種である（東京都千代田区・日比谷公園、７月、樫山）

命名者である柴田桂太博士の記念碑の前に植栽されたオカメザサである（東京都文京区・小石川植物園、６月、柴田）

空港のアトリウムに植栽されたマダケである。建物外には連続してモウソウチクがある（大阪市田尻町・関西国際空港、7月、柴田）

建物内アトリウムのマダケに連続させて外部に植栽されたモウソウチクである（大阪市田尻町、関西国際空港、８月、柴田）

民間会社の社屋内アトリウムに植栽されたモウソウチクが、天井から取り入れられた外光によっていきいきとした緑を提供している（神奈川県伊勢原市、11月、柴田）

美術館を囲む緑の空間に、樹木の根締めとして自生のアズマネザサが利用されている（東京都港区・庭園美術館、２月、樫山）

街路にも緑豊かな事例が増えている。地被としてオカメザサが利用された例である（東京都台東区・不忍通り歩道、２月、樫山）

寺院参道の両側に豪快に植栽されたキンメイモウソウである。稈の黄金色が鮮やかである（東京都港区南青山・梅窓院、７月、熊谷）

高級ホテルの屋上階レストラン前に植栽されたアケボノモウソウである（東京都港区・六本木ヒルズグランドハイアット東京、5月、柴田）

ビルのロビーに一叢のモウソウチクが置かれている。ロビーに清涼感が広がる（東京都中央区丸の内・ATGビル、11月、柴田）

画一的になりやすい植物園でも、オウゴンモウソウの色彩は印象的な景を与えてくれる（静岡県長泉町・富士竹類植物園、6月、柴田）

客を迎える空間にクマザサが大面積に植栽され、広がりを与えている（兵庫県神河町・長谷ダムPR館、9月、柴田）

国道沿いの路肩を自生のクマイザサが広く彩っている。北海道らしい景である（北海道芽室町、7月、柴田）

高速道路のサービスエリアにもこのモウソウチクのように竹・笹が多用される（大阪府岸和田市・岸和田SA、9月、柴田）

建物の入り口横の空間を刈り込まれたオカメザサが豪快に彩っている（東京都文京区・椿山荘、４月、樫山）

通路の彩りとして狭い空間にモウソウチクが植栽され、その足元にチゴザサがある（東京都港区北青山、８月、樫山）

ビル前の限られた空間に用意された緑の一構成種としてチゴザサが用いられている（東京都新宿区新小川町、６月、樫山）

無味乾燥な駐車場に潤いを与える植物としてキンメイモウソウが使われている（鹿児島県さつま町・竹工芸センター、７月、山本）

歴史的な遺産を彩るモウソウチクである。歴史を感じさせる空間をよりいっそう引き立てている（愛媛県松山市・松山城本丸、５月、柴田）

洋風の建物にモウソウチクはよく合う。半月形の水面にその緑が映える（神奈川県横浜市中区・日本料理店、６月、樫山）

刈り込まれたオカメザサの緑を横切って樹林への入り口が示されている。中に入ってみたくなる景である（東京都文京区・小石川植物園、５月、柴田）

よく管理されたオカメザサとコグマザサが１本のカエデを引き立てている。秋にはカエデの紅葉との対比がすばらしい（京都市西京区・洛西竹林公園、６月、永田）

マダケ林は日本人に古くから馴染み深い景である。竹林の中を通り抜ける高揚感はかつて注目されたように竹林浴として評価したい(京都市右京区・野宮神社前、6月、永田)

マダケの稈が持つ鮮やかな緑をシランの緑が引き立てている。シランは晩春には紫紅色の花で新たな魅力を与えてくれる(京都市右京区・野宮神社前、6月、永田)

広大なモウソウチクの植栽がその奥にある建物への期待感をもたらす。布掛けと呼ばれる支持法が幾何学的な景をもたらしている（神奈川県鎌倉市・鎌倉芸術館、8月、熊谷）

オロシマチクは低く刈り込むことによって芝生地のような景を与えてくれる(静岡県長泉町・富士竹類植物園、6月、柴田)

子供たちにとって楽しい場所である動物園にスズコナリヒラの列植が潤いを与えている(東京都台東区・上野動物園、2月、樫山)

公園の一画に配された鮮やかなカムロザサの黄金色は視覚的なインパクトを与える(東京都新宿区・新小川公園、6月、樫山)

滝を楽しむ空間に仕立てられたクロチクが、さらなる清涼感を供給している(兵庫県神戸市・布引の滝付近、7月、柴田)

園路沿いの近景に緑を与える材料として、管理されたクマザサが用いられている(東京都台東区・上野動物園、6月、樫山)

管理されたモウソウチクは広大な空間に独特の雰囲気をもたらしてくれる（東京都千代田区・皇居東御苑、8月、樫山）

芝生地から入り込んだ樹林の足元にあるクマザサが日本の原風景を感じさせる（東京都世田谷区・砧公園、8月、熊谷）

さまざまな竹・笹を用いた公園は心の浮き立つような空間を与えてくれる（京都市西京区・洛西竹林公園、6月、永田）

竹・笹を用いた 外国の庭園植栽

外国にもさまざまな竹・笹の利用がある。それらは、竹を自生種として持つ国々における伝統的な利用方法と、竹・笹を自生種として持たないヨーロッパやわずかしかない北米などにおける新たなデザイナーの感覚に基づいて行われる利用方法に分けられる。

いずれのデザインも日本の伝統的デザインの観点からは斬新なものであり、これからの日本における造園デザインを考えるうえで刺激に満ちたものである。しかし、これまでこのようなデザインはほとんど日本に紹介されたことはない。

その中でも参考になるのは、西洋文化における歴史的建造物と一叢の竹林との取り合わせや、草花と同様に庭に彩りをもたらす植物材料としてのカムロザサやチゴザサなどの鮮やかな斑入り葉を持つ種の活用、都市域の斬新な建築物の外構や室内空間への応用などである。

また、竹を自生種として持つ諸国においては日本では考えにくいほどに剪定を行う仕立て方、街路樹などの公共空間への積極的利用などがある。一方、そこには時として、日本ではみることのできない種の利用もみることができる。

本章では、筆者が世界をめぐる中で見つけたさまざまな竹・笹の造園利用を紹介し、竹・笹の新たな造園的利用のためのヒントとしていただくことを期待している。そこにはさまざまな感覚を持つようになった日本人にも大きなインパクトを与えるものがあると信じている。

豊かな緑の中に本来ないはずのナリヒラダケが景を引き締めている（イギリス＝ドーセット州アセルハンプトン、6月、柴田）

ホッケー場の芝生地を守り立てる存在としてナリヒラダケが植栽されている（イギリス＝ウィンザー・アレクサンドラ庭園、8月、柴田）

瀟洒なパビリオンの脇にクロチクの一叢が配されている（イギリス＝サリー州リッチモンド・キュー植物園、8月、柴田）

キンメイチクの緑が中景を形づくり、稈の黄金色が室内からの近景を与えている（イギリス＝サリー州リッチモンド・キュー植物園、9月、柴田）

マナーハウスの庭園で自然形のクロチクが存在感を示している（イギリス＝イーストサセックス州ディクスター、4月、柴田）

イギリスの遊園地にもホテイチクが多用され、豊かな緑を提供している（イギリス＝ウィンザー・レゴランド、7月、柴田）

テムズ川沿いの建造物の両側をクロチクが引き立てている（イギリス＝ロンドン・エンバンクメント、8月、柴田）

疎林と芝生からなる空間に緑を与える植物としてヤダケの一叢が配されている（イギリス＝リッチモンド、9月、柴田）

住宅地の共有空間に鮮やかな色彩を与える材料としてカムロザサが利用されている（イギリス＝ケント州・民家、6月、柴田）

歴史のあるイギリスの城門の脇に配されたホテイチクが景に溶け込んでいる（イギリス＝ケント州・ハーバー城、8月、柴田）

耐寒性が高く強い植物としてマーケットの造園にホテイチクが植えられている（イギリス＝ロンドン郊外、11月、柴田）

中世の城の前庭にヤダケが植栽され、景をつくりだしている（イギリス＝ケント州・チラム城、7月、柴田）

中世マナーハウスの花壇植栽にカムロザサが花のように植栽されている（イギリス＝イーストサセックス州ディクスター、4月、柴田）

オクスフォードのクリスティカレッジのひとつの中庭にクロチクが粛然として植栽されている（イギリス＝オクスフォード州、4月、柴田）

庭園の片隅にホテイチクが周りとは異なる鮮やかな緑を与えている（イギリス＝イーストサセックス州ディクスター、4月、柴田）

フランスには150年の歴史を持つ竹庭園がある。そこにはモウソウチク林の径がある(フランス＝アンデュース・竹林公園、７月、柴田)

ドイツの大都市の殺風景な空間にホテイチクが鮮やかな涼感をもたらしている(ドイツ＝フランクフルト、９月、柴田)

観光地のレストランの入り口に鉢植えの株立ち竹が置かれている(ドイツ＝プリーン・アーム・キムゼー、７月、柴田)

ベルギーの街角の喫茶店でひとときを楽しむ人々に竹の緑が潤いを与えている(ベルギー＝アントワープ、７月、柴田)

ヨーロッパでさまざまな種類の竹・笹の利用を最も楽しめる場所は動物園である(ベルギー＝アントワープ・アントワープ動物園、７月、柴田)

洒落た店の前で隣の店との仕切りを兼ねたホテイチクのコンテナ植栽が客を迎える(ベルギー＝アントワープ、７月、柴田)

南米でもホテイチクの造園的利用は盛んである。これは庭園での利用例である（コロンビア＝ペレイラ、８月、柴田）

アメリカ東海岸の庭園ではパビリオンに近接してキンメイチクが彩りを添えている（アメリカ＝ペンシルベニア・ロングウッドガーデン、８月、柴田）

メキシコの大学キャンパスでは、ホテイチクが丸く刈り込まれて利用されている（メキシコ＝タスココ・チャピンゴ大学キャンパス、８月、柴田）

南米に自生するグアドゥア属の竹林を用いた、日本とは異なる竹林の景である（コロンビア＝カリ郊外・モンテネグロ、８月、柴田）

世界中で利用されているホテイチクの生垣である。日本よりも低く仕立てられている（メキシコ＝クエルナバカ・ボルダ庭園、８月、柴田）

竹を自生種として持つ中国ではクロチクの名前を冠した公園がある（中国＝北京・紫竹院公園、10月、柴田）

中国にも金竹と呼ばれる日本のキンメイチクのような竹があり、庭園に彩りを与えている（中国＝昆明・曇華寺、9月、柴田）

株立ち性のホウライチク属の竹を奔放に茂らせた庭園利用である（中国＝昆明・黒竜潭公園、9月、柴田）

クロチクのトンネルの向こうに新たな庭園が広がっている（中国＝昆明・昆明植物園、9月、柴田）

太湖石と植物との組み合わせは中国庭園の特徴のひとつである。これはホテイチクとの組み合わせである（中国＝昆明・翠湖公園、9月、柴田）

中国でもこのホウオウチクのように新しい造園空間における竹の植栽が盛んである（中国＝四川省広漢・三星堆博物館、10月、柴田）

中国で三大竹公園のひとつとして有名な公園である。この写真は大きな錦竹が作り出す豪壮な空間で、そこに人々がとけ込んでいる（中国＝成都・望江楼公園、10月、柴田）

中国の人民公園に何気なく植栽されたホウライチク属の竹である。パンダのゴミ箱の傍らで景にアクセントを与えている（中国＝湖南省益陽・秀峰湖公園、10月、柴田）

中国の動物園における慈竹の豪快な一叢である。憩いの空間にさらなる安らぎと緑陰を与えている（中国＝昆明・昆明動物園、９月、柴田）

黄金色の稈を持つホウライチク属の種のゲートが公園の入り口で訪問客を迎える（台湾＝南投県・青竹竹文化園、４月、柴田）

熱帯地域にも稈の奇形を愛でる竹がある。この例のほかに鉢植えとしての利用も多い（台湾＝南投県・青竹竹文化園、４月、柴田）

台湾の高速道路のサービスエリアにおけるホウライチク属の園芸品種の植栽である（台湾＝関西服務区、４月、柴田）

本来生育していない熱帯でもホテイチクは利用されている。生垣仕立ての例である（インドネシア＝ジョクジャカルタ・プランバナン寺院史跡公園、４月、柴田）

タイルソスタキス属の竹を用いたホテル前庭の修景である。本種の特性が生かされている（インドネシア＝ジョクジャカルタ、４月、柴田）

王宮の一画にタイルソスタキス属の一叢が配されている。通直な稈は造園材料として秀逸である（インドネシア＝バリ・ウブド王宮、７月、熊谷）

暑さにうだる熱帯地域でホテイチクが与えてくれる緑は一服の清涼感となる（インドネシア＝ジョクジャカルタ・プランバナン寺院史跡公園、４月、柴田）

稈が黄金色になるホウライチクの園芸品種は世界中で造園的利用が行われている（タイ＝バンコク・ドゥジット動物園、8月、柴田）

ベトナムのマチク属の竹林である。東南アジアには日本と同じような竹林の景がある（ベトナム＝タインホア省ゴクラック村、9月、柴田）

ネパールもまた竹の国である。これは王宮の周りを守るホウライチク属の竹である（ネパール＝カトマンズ・王宮、12月、柴田）

クロチクも地域によっては玉仕立てにされる。これはネパールにおける例である（ネパール＝パタン・パタン博物館、1月、柴田）

庭の竹・笹

～種類と栽培・利用～

フイリホソバザサ（10月）

竹・笹の主な種類と造園的利用法

造園用に植栽される竹・笹の主な種類、特性と代表的な利用方法などを紹介する

■ モウソウチク

江戸時代初期に中国から導入された種とされている。日本に存在する竹類では最大となる種で、直径7～18cm、高さ10～18mになる豪壮な印象を与える種である。豊かな緑葉と緑稈を愛でる。主庭植栽、スクリーン植栽等のほか、茶庭等では見切りとしても植栽される。

モウソウチク植栽の園路（6月）

豊かな緑葉（8月）

■ キッコウチク

モウソウチクの変種である。稈の高さは8mほどで、地上から数mまでの節間が亀甲状に交互に膨出する。膨出の著しい稈の観賞価値が高い。主庭や坪庭で、その稈の形を愛でる。稈の膨出は奇形であることから稈の一部に裂け目が入ることが多いため、腐食に注意する必要がある。

キッコウチク林（7月）

下方部の節間が亀甲状になる（6月）

■ キンメイモウソウ

モウソウチクの園芸品種である。大きさはモウソウチクと同様である。稈は黄金色で、緑条が入る。豪壮かつ印象的な色合いを持つ稈を楽しむ。緑条が不規則に入るタテジマモウソウとともに、主庭植栽、アプローチ植栽、建築の外構植栽などに利用される。

キンメイモウソウの庭園植栽（2月）

黄金色の稈に緑条が入る（2月）

■ アケボノモウソウ

モウソウチクの実生から得られた品種である。母種であるモウソウチクと比較するとやや小型で、枝は開出ぎみとなり、モウソウチクとは異なる印象を与える。また、柔和な印象を与える姿形から、今後の造園的利用が期待される種である。

稈の表面が曙のように見える（10月）

アケボノモウソウの林分（10月）

■ ホテイチク

マダケ属に属するやや大型の乾燥に比較的強い竹類である。稈基部の節がやや斜めになり節間が膨出する。また、このような特徴を持つため、下枝が低い位置から枝がつき、群植や生垣植栽として利用価値が高い。やや離れて稈の奇形を楽しむのもよい。

下方部にも枝がつくホテイチク（6月）

節が斜めになったりする（6月）

■ キンメイホテイ

稈は黄金色で芽溝部のみが緑色になるホテイチクの園芸品種で、稈基部の詰まった節間と色の変化を楽しむ。近景に植栽して稈の形と色を楽しむ。ほかに稈が緑色で芽溝部が黄金色のギンメイホテイ、稈全体が黄金色のオウゴンホテイ、葉の白条が鮮やかなフイリホテイなどがある。

稈は黄金色、芽溝部は緑色（10月）

キンメイホテイの展示植栽（10月）

■ マダケ

日本に自生する種としては最大の竹類で、直径7～15cm、高さ8～15mになる。モウソウチクに比べると葉が大きいこと、枝が水平に出て粗いこと等の点で、モウソウチクとは異なる造園的興趣を庭園に与えることができる。主庭、スクリーン植栽等の目的で利用される。

マダケの庭園植栽（６月）

各節は重なっている（５月）

■ キンメイチク

マダケの園芸品種であるがサイズは小さく、直径２～３cm、高さ５～８mの中型種である。稈は黄金色で芽溝部が緑色となり、葉にはわずかに黄白条が入る。同様に稈が緑色で芽溝部が黄金色となるギンメイチク、稈のすべてが黄金色となるオウゴンチクがある。

キンメイチクの展示植栽（10月）

稈は黄金色、芽溝部は緑色（10月）

■ シボチク

マダケの変種で、稈にしぼ状の皺が縦に入る。マダケよりも一回り小さいが、稈の奇形を愛でる。各節間ごと交互に半面ずつ皺が入るカタシボチクは国の天然記念物の指定を受けており、同様の楽しみ方をする。

シボチクの展示植栽（10月）

しぼ状の皺が縦に入っている（10月）

■ タイワンマダケ

台湾原産のマダケ属の一種でケイチクともいう。大型であるが、マダケに比べて稈がスレンダーで、中規模以上の庭園で一叢の植栽を楽しんだり、スクリーンとして植栽する。全体の姿がすっきりしているため、近代的な建築の中庭などにもよく合う。

全体の姿がすっきりしている（10月）

稈の表面は淡緑色（10月）

■ ハチク

日本に自生する大型竹類で、直径４～８cm、高さ８～12mになる。大型ではあるが、モウソウチクやマダケに比べると繊細な印象を与えるため、中規模の庭園における主構成種やスクリーン植栽としての利用が効果的である。本種を用いた生垣である京都・桂離宮の桂垣は有名である。

ハチクの展示植栽（10月）

主庭の植栽などに効果的（10月）

■ クロチク

ハチクの変種の中型種である。当年生稈は緑色であるが、秋から冬にかけて稈の色は紫黒色になる。古くから庭園に趣を与える種として多用され、特に露地庭や茶庭などに小型に仕立てるとよい。３年生以上の稈に黒褐色の斑紋が生じるウンモンチク（タンバハンチク）も利用できる。

小型の仕立てが好まれる（１月）

クロチクの稈は紫黒色（１月）

■ ナリヒラダケ

中型の竹類で、枝が短く葉が密につくので、群植や列植に、適している。葉がかたく、冬の北風にも強い。新稈が伸長する過程で、稈鞘（竹の皮）がその基部で比較的長期間ぶら下がる点が大きな特徴である。アオナリヒラ、ヤシャダケ、リクチュウダケなど数種がある。

中型で枝は短く、葉は密につく（5月）

ナリヒラダケの展示植栽（10月）

■ トウチク

中型の竹類でダイミョウチクとも呼ばれ、節間が長いのが特徴である。狭い植栽空間でも生育が可能なため、住宅に近接した場所に列状植栽して目隠しとして利用するほか、中庭植栽や生垣利用の例も多い。稈の先をとばしたり、枝を強度に剪定したりして、整形によって庭園利用する数少ない竹である。

狭い植栽地でも生育が可能（８月）

葉の表面は無毛（８月）

■ スズコナリヒラ

トウチクの斑入り品種で、葉に鮮やかな白条が入る。植栽場所、利用方法などはトウチクと変わりないが、植栽地に鮮やかな印象を与えたい場合には本種を利用するとよい。トウチクと同様に、新稈の時期に各節の枝を切り、葉を叢生させて楽しむ。

植栽地に鮮やかな印象を与える（6月）

葉にみごとな白条が入る（２月）

■ シホウチク

稈の断面が角の丸い正方形となること、稈下部の節では気根が生じることが特徴となる中型の竹類である。葉が細長く枝垂れることから、和風の雰囲気を醸し出せる種として多用される。あらゆる庭園要素に適した種である。稈が黄金色になるオウゴンシホウなども利用価値が高い。

和風庭園に適した種である（６月）

シホウチクは葉が枝垂れる（6月）

■ オカメザサ

タケ類の中で最も小型の種であり、高さ２m程度になる。密に稈が立ち、計画的な刈り込みによって低い稈高に維持できるため、生垣利用や比較的大面積の地被利用に適している。乾燥にも比較的強いため、笹類と同様の利用が可能である。葉に白条が入るフイリオカメザサもあるが、これは強光地には適さない。

地被利用などに適している（７月）

乾燥にも強いオカメザサ（７月）

■ インヨウチク

マダケ属とササ属の属間雑種とされる竹類である。葉が大きく強健で、冬季も緑を保つため、庭園に１年を通して鮮やかな緑を提供することができる。葉に白条が入るシロシマインヨウは、造園材料として特に利用価値が高いが、その利用例は多くない。

稈には曲がりがみられる（12月）

インヨウチクの葉は強健（１月）

■ ホウライチク

史前帰化種と考えられているが、現在の日本で熱帯性の株立ち型竹として唯一、南西日本を中心とする広範囲な地域で植栽が可能な種である。その特性を生かして株立ち状の姿を観賞するほか、生垣としての利用価値も高い。葉がちいさいホウオウチク、稈が黄金色で緑条が入るスホウチクのほか、稈の色や葉に特徴のあるいくつかの品種がある。

熱帯性の株立ち型の竹（６月）

葉は被針形で表面は緑色（10月）

■ クマザサ

古くから日本庭園を彩ってきた代表的なササ類である。秋から冬にかけて葉に白く隈が入ることが特徴である。本来の自生地は林床であるため、開放地における植栽には適さない。樹林下における大面積の植栽によって豪壮な印象の庭園が演出できるほか、根締め、石付きといった点的な修景にも適している。

根締め、石付きなどにも利用（8月）

秋から冬にかけ、白く隈が入る（1月）

■ ミヤコザサ

本種も葉に隈が入る。稈は分枝せず繊細で、節が球状に膨らむ。稈は1年程度で枯死する草本的な種である。クマザサと同様の利用が適しているが、より繊細な庭園の演出に適した種である。特に落葉樹林をイメージしたような植栽地の林床植栽として適している。優美な印象がほしい場合の点的植栽にも最適である。

ミヤコザサの群生（7月）

繊細な庭園の演出に好適（10月）

■ コグマザサ（ヒメシノ）

アズマザサ属に属する笹類で、地被としての利用が最も多い種である。稈に比して葉が大きな種で、冬季の落葉量も少ない。刈り込みに対する耐性は高くないため、これを考慮に入れた管理が必要である。乾燥にも比較的強いことから開放地における大面積の植栽に適している。

石付き、地被などに利用（5月）

稈に比して葉が大きい（5月）

■ スズダケ

主として太平洋岸の落葉樹林下に自生する笹類である。地下茎の密度が粗いことから庭園における利用にはやや困難を伴うが、落葉樹林を配した庭園植栽において情趣を醸し出すことができる。刈り込み等の管理は行わず、自然な姿を観賞する。韓国では地被材料として多用される。

太平洋側の落葉樹林下に群生（10月）

稈は堅牢。自然な姿を観賞（2月）

■ ヤダケ

古来、矢の材料として利用されてきた中型のササ類である。稈の太さに比して大きな葉を持ち、さわやかな印象を与える姿形を持つ。点的な修景を目的として小規模に植栽してその風情を楽しむことが多い。小型のヤクシマヤダケは地被的利用を楽しむ。

小規模の植栽で風情を楽しむ（4月）

ヤダケの展示植栽（6月）

■ ラッキョウヤダケ

ヤダケの変種で、稈の奇形を楽しむ。稈の基部数節で、各節間の芽のついていない側が膨出する。同様の奇形は地下茎でもみられる。庭園では近景に少数植栽して、ややまばらに仕立て、稈の奇形を愛でる。

風変わりな竹として植栽（6月）

ラッキョウの形状を示す稈（6月）

■ タイミンチク

メダケ属メダケ節の種で関東以西の太平洋沿岸の暖地でよく育つ。密生して生育するため、緑のかたまりをつくりだすのに適している。スクリーン植栽や生垣植栽に用いられることが多い。同様の種にリュウキュウチクやカンザンチク、いくつかの斑入り品種を含むメダケがある。

刈り込んで整形(5月)

密生して生育。葉は狭披針形(6月)

■ アズマネザサ

強靱な種で、関東・東北地方の里山などの自然地に、西日本のネザサと同様に普遍的に出現する。乾燥、刈り込みに強く、地被材料として適している。刈込み管理を行わないと高さ2～3mになり、庭園利用には適さない。刈り込みを中心とする管理を前提とした利用が必要である。

地被材料に好適(7月)

刈り込みなどの管理が必要(5月)

■ オロシマチク

数多くの竹・笹類の中で最も小型の種とされる。葉は稈に対して鳳尾状につき、柔和な葉束は緑色のみの葉ではあるが観賞に値する。刈り込みに対する耐性が高いため地被利用に最適の種であり、芝生地のような景を演出することが可能である。根締めや石付きとしても適している。

地被利用の最適種(8月)

芝生地のような景も可能(6月)

■ チゴザサ

葉に鮮やかな白条が入り、新稈の色合いを楽しむ。刈り込みに強く、小面積の地被や根締め、添えなどの点景が創出できる。外国では、カムロザサとともに、その色彩を利用して花壇のような空間に植栽される例がある。春先に出る葉の基部だけが白で夏以後に出る緑の葉とあわせて、優雅な色合いを楽しむアケボノザサもある。

地被や添えなどに利用(6月)

葉には鮮やかな白条が入る(10月)

■ カムロザサ

葉は黄金色で緑条が入る。新稈が開葉する時期から梅雨明けの時期にかけて鮮やかな葉色を観賞する。ネザサの仲間であるが、ササ属に近い性質を強く持つため、ネザサのような管理は適さない。葉の大半が黄金色となるオウゴンカムロザサもあり、庭園に色彩的なインパクトを与えることができる。

色彩的に鮮やかな庭園を演出(7月)

葉は黄金色で緑条が入る(6月)

■ カンチク

タケ類とササ類の中間的な特徴を持つ種で、ササ類の中で最も繊細で野趣あふれる種のひとつである。稈は節間が紫黒色、葉は薄紙質で小さい。広範な利用ができ、生垣植栽や広大な庭園の点景としての植栽などは特に効果的である。盆栽としての利用にも適している。

庭園の点景などとして植栽(6月)

繊細で野趣あふれるカンチク(6月)

■ チゴカンチク

カンチクの変種で、葉に白条が入る。カンチクと異なる点は、稈が日光を受けると鮮やかな朱色となる点であり、このことからシュチクと呼ばれることもある。カンチクと同様に生垣植栽にすることが多いが、日あたりのいい場所に点的植栽を行い、稈の色と優美な姿形を楽しむことができる。

造園・園芸用に出荷する苗(2月)

稈の朱色と優美な姿を楽しむ(10月)

竹・笹の分類と日本における利用価値

世界には約1200種の竹類が分布するとされるが、そのうち日本には、鈴木貞夫によると230種程度が分布する。世界の竹の分布をみたとき、日本は最北の自生地であり、そこでは日本を含む東アジアの温帯という気候帯に適応した種群が進化してきたことが推定される。他地域から持ち込まれた導入種も含めて、日本に存在する種のほぼ4分の3にあたる180種近くは稈から稈鞘（竹の皮）が宿存することから区別されるササ類であり、それらの多くは日本の林床植生あるいは草地や里の植生を代表する自然植生構成種である。

日本に現存するササ類には、ササ属、アズマザサ属、スズダケ属、ヤダケ属、メダケ属、カンチク属の6属がある。一方、稈鞘が筍の成長後すぐに落ちるタケ類には、主として中型種からなるトウチク属とナリヒラダケ属、大型種が多いマダケ属、小型種のオカメザサ属がある。国外ではカンチク属に分類されることもあるシホウチクは、日本ではシホウチク属として独立して扱われることが多い。また、このほかには、株立ち型で史前帰化種ではないかとされるホウライチク属、マダケ属とメダケ属の属間雑種とされることもある（鈴木はマダケ属としている）インヨウチクとその品種がある。マダケ属のモウソウチクやクロチクなど、造園材料として価値の高い種の一部は、中国大陸からの導入種であると考えられている。日本の竹・笹のうち、竹林として植生を形成する大型の種は、マダケ属のモウソウチク、マダケ、ハチクである。

ササ属の種は、その分布域が日本列島と樺太および千島列島の南半、ロシア、日本海岸の一部および済州島といった周辺の一部地域のみに限定される、日本特有の固有属に近いものである。ササ属は下位分類としてチシマザサ節、チマキザサ節、ミヤコザサ節、ナンブスズ節、アマギザサ節に分けられ、チシマザサ節が主に日本海側の多雪地と極寒冷地、チマキザサ節が日本海側の積雪地、ミヤコザサ節が太平洋側の寡雪地にスズダケ属とともに出現する。これらの節ごとの分布は積雪深に応じて適応していったものであるとされ、太平洋側に分布するミヤコザサ節の地上部は草本的な年変化をみせる。いずれも日本の自然の中では森林の林床植生を形成する重要な構成種であり、笹が広範に森林の林床植生に出現する地域は世界でも他に例がない。

わが国のタケ科植物の属別種数等

属名	国内				国外
	種数	変種数	品種数	合計	（推定種数）
●温帯性竹類					
マダケ	6	12	11	29	35
ナリヒラダケ	5	1	0	6	12
トウチク	1	1	1	3	3
シホウチク	1	0	1	2	2
オカメザサ	1	0	0	1	1
小計	14	14	13	41	53
●温帯性笹類					
ササ	34	39	24	97	5
①チシマザサ節	6	3	3	12	–
②ナンブスズ節	16	10	2	28	–
③アマギザサ節	4	0	0	4	–
④チマキザサ節	3	16	14	33	–
⑤ミヤコザサ節	5	10	5	20	–
アズマザサ	8	17	6	31	20
スズダケ	1	5	0	6	5
ヤダケ	3	1	2	6	3
メダケ	18	8	18	44	100
①リュウキュウチク節	4	0	0	4	–
②メダケ節	5	1	3	9	–
③ネザサ節	9	7	15	31	–
カンチク	1	0	1	2	4
小計	65	70	51	186	137
●熱帯性竹類					
ホウライチク	6	2	4	12	70
マチク	1	0	0	1	29
小計	7	2	4	13	99
総合計	85	86	67	240	289

注）①鈴木貞夫らによる　②出典『タケ・ササ図鑑』（内村悦三著、創森社）

日本の竹・笹は、熱帯域東アジアの温帯性気候に適応する過程において獲得されていったと考えられる、網目状に地下茎を張り巡らせる特性に代表される特徴を持っている。このような性質はヒマラヤ山脈に分布する一部の種をのぞいてはみられない特性である。大型のタケ類は、このような特性によって、現在の日本では他植生を侵害する植物としての評価の根源となっている。これらの種は大型である一方、その特性ゆえに従来は防災的な観点から高い評価が与えられてきたものであった。

日本の歴史をみると、中国文化の影響を受ける中で、タケ類は高貴さあるいは天皇家を象徴する植物のひとつとして評価されるようになった。このことは日本の庭園文化における竹・笹の多用な利用と無縁ではない。古くから竹・笹と馴染みの深い生活を送ってきた日本人は、造園・園芸的に利用価値の高いさまざまな品種を時間をかけて選別していった。

現在、園芸品種として伝えられているものの大半は江戸時代にすでに記載があるものである。江戸時代は園芸文化が大きく花開いた時代として捉えられるが、竹・笹についても同様で、当時の園芸書には今では失われてしまった数多くの園芸品種が記載されている。

竹・笹の生理と生態

日本の竹・笹のほとんどは地下茎を縦横に張り巡らせる。このタイプの地下茎は、熱帯地方から亜熱帯地方にかけて分布する株立ち型の竹が温帯の気候に適応していく過程で形成されたものではないかと考えられている。温帯に適応したタケ類のうち、寒冷な気候条件下のため大型のものが生育できず、小型化していったものが笹類であろう。

多くの竹・笹は、春から初夏にかけて筍を出し、盛夏までの間に稈を成熟させる。その期間は非常に短く、多くの種で数カ月である。一方、初秋から冬にかけて出筍、伸長し、翌年に枝や葉を展開する、カンチクやシホウチクなどのような種もある。また、亜熱帯地域から導入されたと考えられるホウライチク属の種は夏季を中心とする時期に出筍して伸長するが、本種も翌年になって本格的に枝や葉を展開する。

稈の寿命は種によってさまざまである。全体的には、大型の種で長く、小型の種で短いといえる。しかし、ササ類でも稈の寿命は変化に富んでおり、ミヤコザサのように出筍した稈の大半が1年後には枯死する種もあれば、チゴザサのように数年間はほとんどの稈が生き続けるものもある。また、チシマザサなどでも10年近く生存する稈がある。タケ類でも同様で、クロチクなどの稈は比較的短命で、5年生以上の稈はまれである。

一方、大型のモウソウチクやマダケは少なくとも10年程度の寿命を持つ。以上のように、寿命そのものはさまざまであるが、造園的利用を考えるときには、観賞に堪える状態が維持される期間が重要となる。一般的には、大型の竹で5年、中型の竹で3年、笹で1～2年が観賞に堪えうる状態が維持できる期間である。

稈の寿命に関係なく、葉の寿命は1年程度である。葉替わりは一斉に起こり、その時期は多くの種では出筍期の後である。マダケやモウソウチクなどの大型種では、葉替わりは晩春から初夏に認められ、この時期には大量の葉が落葉する。俳句の春の季語として「竹の秋」が認められているが、この現象を指したものである。

地下茎は、新稈がほぼ成熟する梅雨明け以降に伸長が認められる場合が多い。地上部で旺盛な筍の伸長と葉替わりを行った後、竹・笹は地下茎の伸長を開始す

ナリヒラダケの花（4月）

クマイザサの花（4月）

出筍期のハチクの竹林（5月）

ハチクの筍（5月）

〔竹類の部位と名称〕

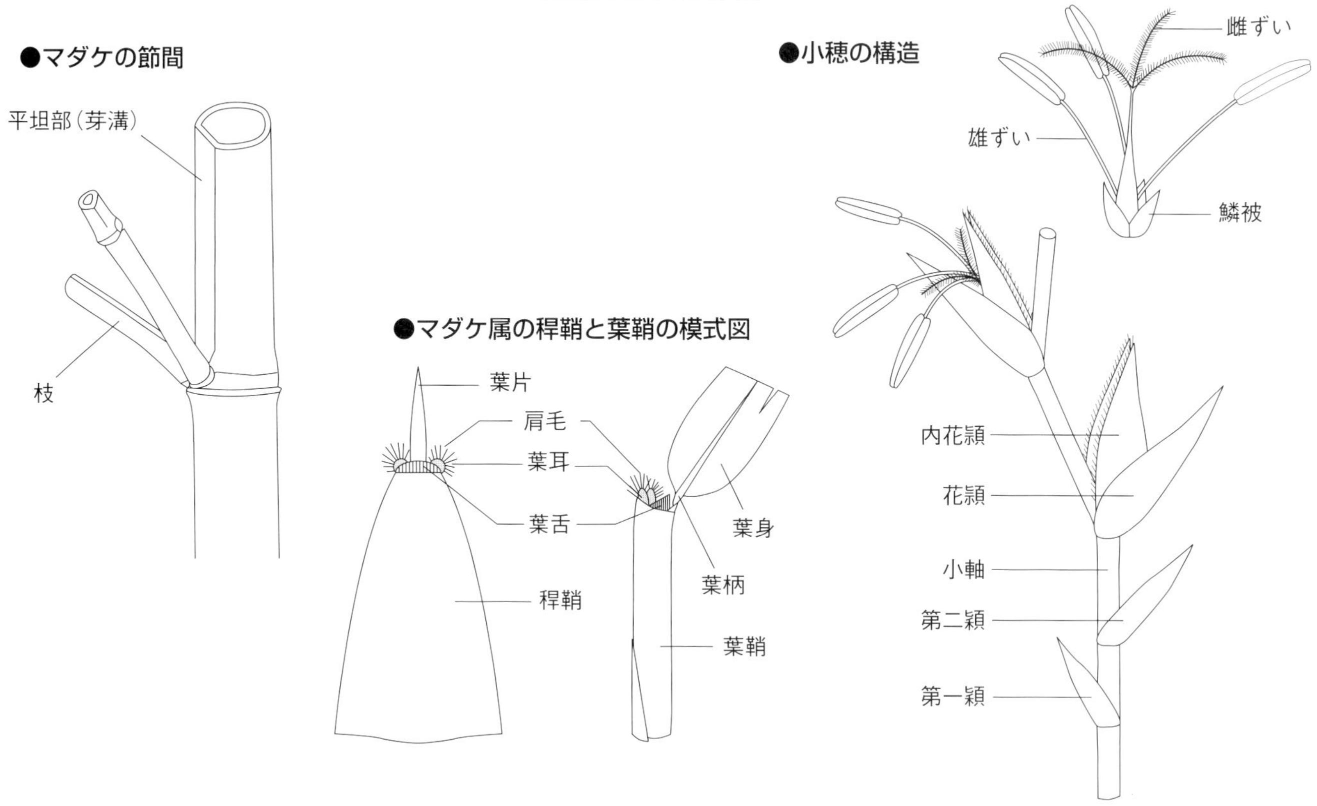

注）鈴木貞夫による竹の稈鞘、葉鞘、竹花図をもとに作成

る。地下茎の伸長も種あるいは属レベルでその振る舞いが異なっている。タケ類では、マダケやクロチクに比べてモウソウチクの夏季の少雨期における伸長量が少ないことがわかっている。また、ササ類でも、ネザサの仲間が夏季も旺盛な伸長を示すのに対して、ササ属の種では夏季の少雨期には伸長量が低下する。

植物として竹・笹をみたとき、独特の特性は数多くあるが、なかでも最も特徴的なものに開花特性がある。周知のように、竹・笹は数十年から百数十年の開花周期を持つ植物として認識されている。これまでに多くの経験的な数字が開花周期として著述されているが、厳密な意味、すなわち、開花によって得られた種子から育てた実生が次に開花するまでに何年を要したかという視点で、調査が行われた例は皆無に等しい。日本ではこれまでに、長期にわたる観察を続けた結果、モウソウチクが、種子の発芽後67年目に開花したという記録が2回みられる。しかし、この種の場合、日本にある大半のモウソウチクはこれまで一度も開花しておらず、あくまでも開花に関わる遺伝子の中では劣勢の性質が現れた場合、67年という周期が発現するのでないかと考えられている。国内においてはこれ以外に明確に開花周期が確認された例はみられない。

1997年のモウソウチクの開花（９月）

竹・笹の種子

モウソウチク

マダケ

ハチク

トウチク

ヤダケ

メダケ

一方、開花しても種子を十分に結実しない種も認められる。マダケやハチクの場合、種子は生産されるがその量はわずかであり、多くは枯死する直前に地下茎から出る笹状の再生竹（これも開花する）の基部から出る、次世代となる新しい地下茎によって世代更新をすることが報告されている。同様に、ヤダケのように開花しても種子がほとんど報告されない種も多い。一方、ナリヒラダケも開花しても十分な種子をつけることはないが、これは本種が属間雑種である可能性を示していると説明されている。

モウソウチクの発芽（５月）

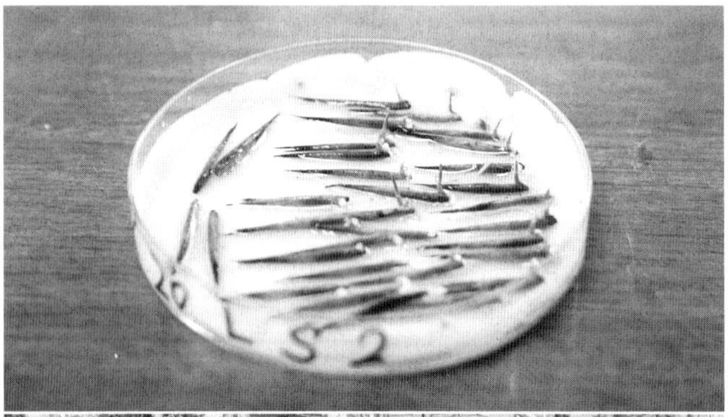

１年生のモウソウチク実生（３月）

よく手入れされたモウソウチクの筍生産林（京都府長岡京市、２月）

種子の結実の多少にかかわらず、多くの場合、竹・笹は開花すると枯死する。大型のタケ類では、開花すると元の状態に回復するまでに10年以上を要する。自然界では、この間に竹林によって占められていた空間が一時的に他の樹木等に開放されることになり、竹林の回復までに竹稈の高さ以上に生長した樹木は天寿を全うすることが可能となる。

一方、このような樹木の本数が多くなった場所では竹林は十分に回復できなくなる。笹類も大面積にわたって一斉に開花する場合がある。大量の種子をつけることが多いため、ネズミの大発生を引き起こすなど、これも生態系に与える影響が大きい。しかし、サイズが小さいことから回復も早く、数年で旧に復することができる場合が多い。

竹･笹の管理と作業暦

前庭のキッコウチク（7月）

◆ 庭植えの竹

庭に直植えされる竹には、植栽された場所で維持・更新できるような管理が必要である。竹の主要な管理としては、施肥と密度管理を挙げることができる。通常、苗を庭に植栽した後、初期段階で必要となるのが施肥であり、十分に活着した後に重要となるのが密度管理である。その他、適宜、灌水、病虫害に対する対策、剪定・刈込み作業などを行う。

竹の多くは4～7月に順次出筍するが、これらの種に対しては、出筍の１カ月ほど前と9月ころに三要素の施肥を行う。また、それらとは別に、出筍を終えた梅雨の後半に、珪酸分（主に珪酸カルシウム）の施肥を行う。密度管理は通常10～11月に行うが、古くなった稈の抜き伐りがその内容となる。新稈の先を止めたい場合には、筍が伸びきった時期に行う。灌水は夏に晴天が何日も続いたときと、5月下旬に一時的に乾燥が強まる時期に行う。植栽地の通風を悪くするとさまざまな病虫害が発生しやすくなるが、なかでも天狗巣病が全国的に蔓延しているため、注意が必要である。症状が出ている枝をこまめに切り、焼却処分にするが、少なくとも春、初夏、秋の3回は行う必要がある。また、密度管理を十分に行って、風通しのいい状態を常に維持するように心がける。

夏から秋にかけて出筍するシホウチク、カンチク、ホウライチクなどは、秋の施肥は行わない。また、密度管理も秋には行わず、それ以外の時期に適宜行う。生垣等の植栽で刈り込みが必要な場合には、秋から晩秋にかけて筍が伸びきった時期に高さをそろえる。

ホウライチクのような亜熱帯性の種に対しては、冬季が寒冷な地方では、寒さ対策が必要となる場合がある。特に積雪による稈折れなどが心配される地方では、竹材などを用いて冬囲いや藪巻きを行う。また、積雪圧の回避を前提とした先止めなどを行っておく場合もある。

竹の植栽の適期は、通常早春である。ただし、土壌凍結などが心配される地域では、その心配がなくなってから行う。前年の秋に根回しを行った苗を植栽する。温暖な地方では、早春の植栽が難しい場合に、晩秋に植栽して本格的な冬までに根が動いて活着することを期待する場合もある。なお、大型の竹の場合、植栽後数年は細い竹しか出てこないが、これは絶対に伐ってはならない。これを伐ると最後まで太い竹が出なくなるので、注意が必要である。

庭植えのスズコナリヒラ（7月）

モウソウチクのある庭園（8月）

竹･笹類の庭園植栽（6月）

◆ 庭植えの笹

笹は、ほとんどすべての種が春に出筍するが、分類学上タケ類に属するオカメザサのように初夏に出筍する種もある。基本的には、春に出筍する竹と同様の管理を行うが、密度管理を行うのは、中型で稈を楽しむ目的の場合のみである。小型の笹では造園的に美しく維持するために、刈り込みが重要な管理となる。笹の刈込み方法は各種が属する属によって異なる。刈り込みは多くの種では出筍前に地際で行う。ササ属では3月中旬ころに隔年に刈り込むと美しく維持でき、なおかつ十分な生長量が確保できる。メダケ属ネザサ節の種では毎年3月中旬ころに刈り込むほか、低く維持したい場合には時折秋季にも刈り込む。なお、カムロザサについてはネザサの仲間ではあるが、秋の刈り込みは適さない。タケ類に属するオカメザサは出筍期が遅れるため、刈り込みは5月ころが標準となる。また、一定の高さに維持したい場合には、秋季に維持したい高さで刈り込むこともできる。この作業は毎年行わないと、葉層が高くなっていくので注意を要する。施肥、灌水および病虫害対策の時期は竹と同様である。ただし、病虫害が大規模に発生した場合には地際ですべて刈り取る。

笹の植栽は、多くの場合、ポット苗を用いて行うため、極寒期、酷暑期を除いてはいつでも可能である。しかし、山取り苗や根回し苗を植栽する場合には、竹に準じた植栽時期となる。

オカメザサ(左)とクマザサ(5月)

邸宅内のアズマザサ(8月)

コグマザサの植栽(6月)

ヤダケの展示植栽(11月)

コグマザサと四つ目垣(7月)

門庭のカンチク(9月)

◆ 鉢植えの竹・笹

鉢植えの竹・笹は移動できるという点で庭植えの竹・笹とは異なる扱いとなる。季節に合わせて移動できることから、いい状態で維持するためにさまざまな方法と細かい管理が可能となる。鉢植えの竹・笹は明るい日陰で管理する。灌水は随時行うが、過度の灌水は根腐れを引き起こすため、注意を要する。

施肥は庭の竹・笹と同様に年に3回を基準とする。10号鉢で、親指大の油かすの練り肥を3〜4個、珪酸カルシウム小さじ1杯を標準に与える。病虫害対策は庭植えの竹植栽に準ずる。鉢植えの場合、最も注意すべきことは、地下茎が鉢内に充満することである。鉢内が地下茎や根でいっぱいになると、竹・笹の生長が鈍化し、最終的には衰退し始める。そのため、数年おきに掘り上げて、古い部分を除去して植え直すと同時に土を新しくする。大きくしたい場合には、鉢も大きくする。また、このときに株分けすることも可能である。竹では4年以上経った稈は切除する。笹の場合は毎年古い稈を切り、新稈を楽しむようにする。

新たに植栽した場合には、そのまま日陰で維持し、出筍が始まった段階で日当たりのよい場所に移す。伸長が終わって葉の展開が始まった時期には、再び明るい日陰に戻すようにする。

鉢植えのホテイチク（2月）

階段踊り場のトウチク（2月）

クロチクのコンテナ植え（2月）

社屋入り口に配置したクロチク（9月）

手づくり容器植えのクロチク（2月）

植栽目的に適した立地と植栽

◆ 竹・笹の植栽目的

竹・笹はさまざまな目的を持って庭園に植栽される植物である。これは竹・笹にはオロシマチクのように高さ20cm程度しかないものから、モウソウチクのように稈が最大20m近くになるものまでがあることや、さまざまな葉や稈の変異があることと無縁ではない。さまざまな大きさの種があることは、広大な主庭園の主要要素としての植栽から、小さな空間の修景植栽までが可能であることを意味する。楽しみ方の観点からみると、遠景を構成する緑のかたまりとしての楽しみ方から、園芸的視点から稈や葉の変異を楽しむ近景としての楽しみ方までができることになる。中景的な植栽においては、竹・笹の緑を楽しむほかに、笹などの地被植栽によって葉の色彩的変異を楽しむこともできる。色彩的な楽しみ方には、他の植物との組み合わせを考えることによってさらに多様性を加えることが可能となる。たとえば、ツバキの花との組み合わせやシランのような鮮やかな花をつける草本類との組み合わせは、それぞれの季節においてインパクトのある風景をつくりだすことを可能にする。

トウチクの庭垣（4月）

修景の対象となる空間はさまざまである。住宅で考えると、敷地の入り口から住宅の玄関に至るまでの間の前庭やアプローチの空間、住居空間に近接する中庭的な空間や窓辺の空間、主庭園、隣接する住居との見切りのための空間などがある。これらの空間はスケールがさまざまであり、それぞれに合った植物種の選択が要求される。竹・笹は種の選択を誤らなければ、すべての目的に適した種を見いだすことができる。ここにデザイナーの個性が発揮される。

住宅庭園以外では、歴史的庭園のような空間や、公園や遊戯施設などの公共的な空間、さまざまなジャンルに

通路沿いのモウソウチク（11月）

トウチクの庭植え（7月）

スホウチクの展示植栽（11月）

属する建築物の外構空間などが修景空間として考えられる。ここでも遠景から近景に至るまでどのようなスケールで竹・笹を楽しむことを目的とするかによって、さまざまな種の選択が行われる。しかし、現在の公共造園においては、苗の調達難易度が重視されることも多く、結果として利用される種が少数に限定されてしまう場合が多い。多くの種を有効に活用していくうえでは、このことは大きなネックとなっている。

竹・笹には活着さえ成功すれば、以後の管理は比較的手間がかからない植物であるという大きな特徴がある。特に地下茎を拡大して植栽地を維持する能力は、時として造園空間に竹・笹を植栽することをためらわせるほどに高いものがある。竹・笹が造園植物として敬遠される場合があるのは、このことに起因する。しかし逆に、この特性は粗放管理もしくはフリーメンテナンスを求められる空間においても、造園的価値を維持できる可能性が高いことを意味する。

種を的確に選択することによってさまざまな利用方法が可能な竹・笹は、利用価値の高い植物である。しかし、そのためには植栽目的を明確に設定し、それに適した種を選択することが最も重要となる。

◆ 竹・笹の植栽場所

竹・笹の植栽場所はそれほど神経質になる必要はないが、大型および中型種で稈の緑を楽しみたい場合には、稈が日焼けしやすいため、西日が強く当たらない場所を選ぶことが必要である。しかし、稈の特徴的な色彩を楽しむクロチク、カンチクおよびチゴカンチクのような種では、西日が当たることによってより鮮やかな色彩を得られる場合もあり、種に応じた対応が必要である。

一般に竹は水分を好む。これは葉からの水分の蒸発散が旺盛であり、水分の回転が速いことに起因する。そのため、常に新しい水分が供給される必要があるが、地下水が滞水する場所では新鮮な水分が供給できないために地下部が根腐れしやすく、注意が必要である。このような立地に植栽する必要がある場合には、土壌中の排水をよくしてから、あるいは土を盛ってから植栽することが肝要である。

植栽場所を決定した後には、その場所に適した種が何であるかを明確に判断する必要がある。このときに重要なことは、植栽を考えている種あるいはその母種が、自然界ではどのような環境に自生しているかを考慮することである。本来の自生地の環境を理解・考慮することによって、それぞれの種に適した生育環境を用意することが可能になる。

見越しのラッキョウヤダケ（12月）

竹・笹類の展示植栽（９月）

カンチクの庭植え（10月）

ホウライチクの植え込み（３月）

さまざまな植栽形態

庭園における竹・笹の植栽形態は、種を使い分けることによって多岐にわたる。

比較的大面積の主庭園においては、大型種を主要構成要素や見切りとして大胆に利用することが可能となる。また、中型種については、主庭園においては中仕切りを目的として生垣などとして植栽したり、一叢を点景として植栽したりすると効果的であるほか、住宅に近接した空間では窓外の目隠しとしての利用も可能である。さらには塀越しに一服の清涼感を与えるような植栽、狭小な空間における列植なども有効である。小型種では、最も中心的な植栽形態は地被としての植栽となるが、歴史的な庭園では、地被よりも根締め、石付き、添え、低生垣としての縁取りなどの点景を構成する材料として利用されることが多い。このような点景としての笹の利用には、高度なセンスとそれを維持するための管理技術が必要であり、庭園管理者の技術力が問われる。

竹・笹の植栽形態にマニュアルはない。それぞれの庭園や空間において、そこを利用する人の感性に合った植栽が最も求められる。利用者が安堵できる空間を創出できる種の構成が何なのか、その効果をよりいっそう増幅できる他の種との組み合わせは何なのか、を十分に考慮してデザインを楽しむことが重要である。それができて初めて、個性のあるすばらしい庭園ができあがるのである。

スズコナリヒラの前庭植栽

ベニホウオウチクの前庭植栽

チゴザサの前庭植栽

モウソウチクの前庭植栽

オカメザサの刈込み生垣

ヒメハチクの刈込み生垣

シホウチクとシラカシの混ぜ生垣

ホウライチクの庭垣

クマザサの根締め

トウチクのアプローチ植栽

チゴザサの帯状植栽

トウチクの目隠し

トウチクの見越し

トウチクの見越し

トウチクの見越し

オカメザサの帯状植栽

モウソウチクの対植

モウソウチクの列植

クマザサの添え

クマザサの添え

オロシマチクの石付き

トウチクのスクリーン植栽

オカメザサの地被

クマザサの地被

竹・笹の苗の植え付け方

ヒメアケボノモウソウの苗（写真＝若山太郎）

◆竹・笹の地下茎管理

日本で庭園に利用される竹・笹は、ホウライチク属を除いて地下茎を縦横に張りめぐらせる種である。そのため、植栽にあたっては前もって地下茎が広がっていい部分を決めておき、そこから出ないような工夫をする。通常は地下茎のはみ出しを防ぐために何らかの仕切り板を地中に埋め込んでおく。その深さは大型種においても1mで十分である。また、仕切り板があっても板の上を超える地下茎が現れるので、常に注意し、板の上を超えようとする地下茎は適宜切り取る。ただし、ネザサの仲間のように地下茎の先端を切断することによって、切断点直前で新たな地下茎の分岐が促進される種があるため、切断後も注意が必要である。仕切り板は市販されている塩化ビニール板やトタン板などが利用されることが多いが、これらは継ぎ目に隙間をつくらないことが肝要である。ほんのわずかでも隙間があると、地下茎は形を変形させながらこれを通り抜ける。現在、推奨されるのは水田の防水用に市販されているゴムシートである。厚さが2mm程度のものを購入する。ゴムシートの利点としては、ロールで販売されているため小面積の場合には継ぎ目をつくる必要がわずかですむことや、境界の形を曲線にしやすく植栽地の形の自由度が高いこと、などが挙げられる。なお、植栽地が小面積で細かな管理が可能な場合には、仕切り板を埋設せず、不要な場所に出てきた筍を適宜切り続けることによって地下茎をコントロールすることが可能である。

◆ 竹苗のつくり方

竹苗は従来、植栽する半年ほど前（春に出筍する種では前年の秋）に、苗畑で根回しをしてつくる。苗畑に生育している竹を根鉢にする場合には問題は少ないが、竹林から苗を得る場合には林縁のものから取るほうがいい苗を得やすい。植栽後早期に優れた生育を得るためには根鉢は大きいほどよく、母稈の直径の最低10倍の根鉢が必要であるといわれる。しかし、運搬の手間がかかることから、根鉢の直径は通常大型種でも50cm程度以下である。苗の移動距離が短くてすむ場合には、70cm程度の直径の根鉢をつくる場合もある。

通常、根鉢には母稈が１本立っている。必ずしも大きい母稈が立っているものが適しているとは限らない。あまり大きな母稈が立っているものは逆に活着に時間がかかり、次の世代である筍を出すまでに時間がかかる場合があるので注意を要する。

苗の良し悪しは母稈の状態や地下茎の年齢で決まる。立っている母稈の年齢は2～3年生が適している。根鉢に古い母稈が立っている場合には、地下茎の年齢も大きな場合が多いので、母稈の状態は目安になる。稈の年齢は稈の色の鮮やかさや、枝の葉の落ち跡の数などから判断する。地下茎も2～3年生のものが最適である。地下茎の本数は多いほうがいいが、たとえ１本でも母稈にしっかりとついていて、長い地下茎を持つ根鉢が優れている。若い地下茎には通常、各節に生きた芽がついており、新しい筍や地下茎のもととなる。また、このような地下茎は各節から旺盛にひげ根を出しており、ひげ根の量もいい苗を見いだす材料になる。

早期の生育をそれほど期待しない場合には、母稈を地際で切って苗とする場合や、地下茎だけを植栽する場合もあるが、この場合にはよりいっそう地下茎の年齢と状態が重要となる。これらの場合は植栽する直前に稈を切り、前者では根鉢をつくってから運搬し、植栽する。後者では地下茎を掘り出すことになるため、地下茎を乾燥させないようにする工夫が必要である。

笹は、かつては竹と同様の苗のつくり方をしていたが、現在ではほとんどがポットに植栽して苗をつくる。地上部をつけることはあまりなく、地上部を刈り払った後で地下部を掘り出して、年齢の若い地下茎をポットに植栽する。このとき、あまり長い地下茎をポットに入れると、養生の過程で根や新しい地下茎が巻くので、注意を要する。苗を購入するときには、ポットの中で地下茎があまり激しく巻いているものは、植栽後の時間が経ちすぎている可能性があるので注意する。

◆ 植え付け適期

根鉢を植栽する場合、植栽適期は限定される。最も適しているのは、筍が出る１～2カ月前とされる。春に出筍する種では、3月ころが適していることになる。旧暦の5月13日ころの竹酔日と呼ばれる時期が移植に適しているという俗説があるが、この時期は筍が伸長している時期であり、植栽には最も適さない時期である。また、温暖な地域では、10月ころに植栽して、ある程度根鉢内の根が植栽地の土と馴染んでから冬を迎えさせることもできる。

しかし、あまり遅い時期に植栽すると、場合によっては根鉢内が凍結して活着に影響を与えるので、温暖な地域以外では行わないほうがよい。笹や中型の竹でポットやコンテナに入った苗の場合は、植栽適期は長い。通常、梅雨明け後の高温乾燥状態が続く盛夏期と2月ころの極寒期以外であれば、植栽は可能である。

◆ 苗の植え付け方

大型や中型の種の根鉢の植栽には、通常、泥植え（水決め法）が用いられる。泥植えは、植え穴の底に元肥を仕込んだ後（後述）、植栽地の土と水を混ぜたものを少し加えたところに根鉢を入れ、さらに同様の泥水を加えながら、根鉢の土や根茎と植栽地の土を馴染ませていく方法である。

泥植え後、植栽地の土をさらにかぶせて根鉢を固定する。植栽の過程においては、棒などで根鉢の周辺をつつきながら、隙間なく、根鉢と土を馴染ませるのが重要である。季節によっては、葉からの蒸散が過大となる可能性があるため、自然形にこだわらない場合には稈の先をとばしたり枝を切ったりする。自然形を維持したい場合には、枝をしごいて葉の総数を減らすようにする。

泥植えは、植栽後の苗の安定性の点では十分ではない。また、竹稈は地下茎との接点が最も細くなっており、この部分が揺れなどによって最も破損しやすいことから、植栽直後の風などによる稈の揺れは極力避けたい。そのため、竹の植栽にあたっては支柱が必須である。竹は１株だけが植栽されることはまれであり、多くの場合、数個あるいは十数個の根鉢が群植される。

群植地をまとめて支持するために、布掛けと呼ばれる特有の支持方法が用いられる。これは高さ2～3mの高さで、竹材などを用いて、母稈をつなぎ合わせるものである。これによって、強風などに対する強度を植栽地全体で高めることができる。近年では、布掛けの風景が目障りであると考える人が多い。このような考え方は公共の

クロチクの苗

植え付けたオロシマチク

場での竹の造園利用において顕著であり、十分な予算が確保できる場合には、地下支柱が施されることもある。現在では竹専用の地下支柱も開発されている。竹用の地下支柱はスチール板に数本の針金を備えたもので、地下に固定したスチール板の上に根鉢を植栽し、針金で根株を固定する。それでも十分でないと考えられる場合には布掛けも行う。近年では、布掛けの材料に金属製のものを用いるなど、植栽地の設計に合わせて優れたデザインを持つものが用いられる例もある。

小型の笹などでは、多くはポット苗が植栽されるため、特別の植栽方法はない。しかし、早期に十分な活着を求めるためには、単にポットからはずしたものを埋めるのではなく、ポットからはずした段階でポット内の土を軽くほぐしてから土の数割を落として地下茎や根の一部をむき出しにした状態で植栽し、植栽地の土と早く馴染ませるような作業を行う。ポット苗の場合には泥植えを行う必要はないが、それに準じる形で十分に灌水し、根茎と植栽地の土が早く馴染むようにする。

すべての種において重要なことは、竹・笹は水分要求量が多いことに留意することである。植栽直後には十分な灌水を行い、活着したと判断できるまではこれを続ける。活着が十分でない間はわずかな水分の不足によって葉が巻く現象が認められるので、目安となる。十分と思われる灌水でも葉が巻く場合には、生け花の手法を用いることもある。これは、稈下部の数節に対して各節の直下にごく小さな穴を２つ開け、そこから稈内に注射器で水を注入することによって、水分を補給する方法である。

竹・笹の育て方

◆ 施肥

竹・笹において施肥は植栽初期に重要である。十分に安定した植栽地では、施肥の必要性はほとんどないといってもよい。施肥は植栽時に施す元肥と植栽後行う追肥に分けて行う。

元肥には完熟堆肥を用いる。泥植えによって植栽する場合には、根鉢を入れる前に植え穴の底で土と混ぜ合わせておき、さらにその上に10〜20cm程度土をかぶせた後に泥植えを行う。堆肥が直接根鉢の根に触れないようにすることが重要である。

笹を植栽する場合には、植栽する数週間前に地拵えを行う段階で、完熟堆肥や一般的な緩効性肥料を鋤き込んでおく。可能な限り植栽との時間をあけるのが理想である。公共造園などで地拵えが植栽直前に行われる場合には、腐葉土やバーク堆肥を混入するだけにしておく。

追肥は植栽後数カ月した時期に最初に行う。竹の状態を見極めてふさわしい施肥を行うことが望ましい。一般に、肥料が多すぎる場合には葉が茂りすぎて通常とは異なる姿となっており、この場合には施肥はひかえる。肥料不足の場合には、全体の生育状態も葉の色も優れない。たとえば、窒素が不足している場合には、葉の色が薄くなり、大きさも小さくなる。リン酸が不足している場合には、竹の下部の葉が黄色または緑褐色になるほか、時として紫に近い赤になる場合もある。カリウムが不足すると若葉が枯れやすくなる。これらの症状が激しい場合には速効性の液肥を与え、できるだけ早く回復するようにする。特に地被利用の笹では液肥の施用が速効性が高い。

通常の追肥は、土壌養分量が十分でない場所では年に2回行う。生育状態がそれほど悪くない場合は、通常、窒素：リン酸：カリウムの比率が30：20：20程度の市販の化成肥料を与える。1回につき、1m^2当たり300ｇ程度を地表に撒くだけでよい。ある程度まとまった竹林のような植栽地では、浅めに土に鋤き込むとより効果的である。このような追肥は2年ほど続け、安定した段階で年1回、春先の施肥のみに変更する。問題がなければ5年目以降は施肥の必要はなくなるが、庭園植物として良好な状態で楽しみたい場合には、年1回の施肥は続けたほうが賢明である。

キッコウチクの展示植栽

竹・笹の場合、三要素の施肥のほかに珪酸の施肥も重要である。通常珪酸カルシウムを施肥する。珪酸の施肥によってさまざまな環境圧に対する抵抗力を高めることができ、稈や葉の強度が高まり、色も濃くなる。珪酸カルシウムの施肥は三要素の施肥と同時に行わないほうがよい。これは、同時の施用によって、化学反応が起こって肥効が薄れるばかりでなく、植物に悪影響が出る場合があるからである。土壌がやせている場合には、当初は1m^2当たり50〜60ｇ程度を与える。生育状態が安定した段階で、施肥量は半分程度に減らしても十分である。

なお、大型および中型の竹においては庭園という特性上、落ち葉を掃き清めて処分してしまう場合があるが、条件が許す限り、落ち葉を確保しておいて施肥時に再利用するか、そのまま林床に保つようにすると、施肥の必要性はよりいっそう少なくなる。

◆ 水やり

灌水は土壌水分が不足する盛夏期に最も必要となる。特に、筍が伸長する時期にあたり、他の時期以上に水分を要求する５月下旬は一時的に乾燥が進みやすいので、この時期の灌水も重要である。盛夏期の灌水に関しては、晴天日が数日以上続いた場合、あるいは葉が巻き始めたときが目安となる。灌水は、早朝に行うほか、十分な回復が認められない場合には夕方にも行う。

近年ではアトリウムのような室内植栽にも竹・笹が利用される事例が増加しているが、このような場合には、特有の室内環境に対応した水分管理が必要になる。多くの管理失敗例は、土壌表面の乾燥状態から判断して灌水を行うことに起因している。

室内環境は空気中の水分量が少なく乾燥が進みやすいため、土壌表面から急速に乾燥が進む。そのため、土壌の表層以下の水分量はまだ十分であるにもかかわらず、乾燥したものと判断して灌水をしてしまい、根腐れを引き起こすことが多い。室内植栽をする場合には、灌水をしすぎることに十分注意することが必要である。

葉水は、野外植栽では夏季から秋季にかけて、室内植栽では年間を通して、必要である。海岸沿岸部では強風によって受ける潮風がもたらす塩分の洗い流しを行う意味でも必要である。また、室内では降雨がないため、降雨に代わるものとして葉水が重要となる。これによって葉に吸着される塵埃を洗浄することができるためである。しかし、葉水は十分に行わないと、葉先に濃縮された塩分などが集積して部分的な枯死を引き起こすことがあるので、水の量には十分に注意する必要がある。

◆ 竹の整枝

竹・笹は、植栽地が成熟した後には自然形を楽しむのが基本である。しかし、種によっては枝に刃を入れることによって、造園的に価値が高まる場合がある。葉量を増やし、風倒の危険性を減らす視点からはモウソウチクがそれにあてはまる。

また、中型種であるトウチクやスズコナリヒラでは、枝を強度に切ることが多い。これらの種では毎年出筍後枝を展開し終わった新稈に対して、各枝の基部数節（10cm程度）を残して枝を切る。剪定によって稈の各節に近い部分に、雪洞状の葉束を形成することができ、独特の姿形ができあがる。トウチクの仲間は自然形では枝が粗く広がり、葉束も豊かではないため、造園的に利用する場合には必ず剪定を行う。

整枝直後のトウチク

◆生垣の刈り込み

生垣に竹・笹を利用する場合には、整形するための刈込み管理を行う。植栽種の大小にかかわらず、幾何学的な形状を維持するために刈り込みは必要である。生垣にはカンチク、チゴカンチク、ホテイチク、ホウライチクのような刈り込みに強い種が選択される。刈り込みの内容は種によって異なるが、毎年新稈が伸びきる時期に高さをそろえる。細かい管理が可能な場合には、筍の伸長状態に合わせて稈ごとに刈り込みを行う。オカメザサやアズマネザサなどの笹類を用いた低生垣もよくみられるが、これらは笹の刈込み管理と同様の方法で維持できる。また、ナリヒラダケやカンザンチクを用いた高生垣も時折見受けられるが、これは新稈の先止めと側面の枝の刈り込みよって維持される。

刈り込みは行わないが、京都の桂離宮には桂垣と呼ばれるハチクの生垣がある。これは建仁寺垣に背後のハチクの竹林から引いてきたハチクの稈の上部を固定した独特のものである。過去には関東などでもみられたようであるが、現在では桂離宮でしかみることはできない。

剪定によりトウチクの葉束を形成

シホウチクの生垣仕立て

カンチク生垣の刈り込み

シホウチクの生垣仕立て

◆竹の先止め（裏止め）

先止め（京都の筍生産竹林では裏止めと呼ばれる）は本来、風による折損を防ぐ、葉量を増やす、春先の地温を速く上げることで筍を速く出させる、などの効果が期待できることから、筍生産林の管理方法の一つとして、京都で考えだされたものである。

造園の分野では、植栽後十分活着しないうちに旺盛な水分消費によって水分不足となり、苗が枯死することを防ぐこと、輸送・植栽時に稈が揺れて地下茎との接点が傷む確率が低くなること、苗の輸送コストが下がること、などを理由に先止めが行われる。筍生産の場合、先止めを行うのはモウソウチクだけであるが、造園的利用の場合には大型・中型の竹に対して種を問わずに行われる。このとき留意すべき点は、モウソウチクでは先止めによって新たな葉の展開が促進されるが、それ以外の大半の種ではこのような効果は期待できないため、母稈は植栽後も葉量を減じたままで推移することである。

庭園において植栽後も先止めを行う場合には、毎年出てくる新稈のみを対象とする。この場合に先止めを行う理由は、風倒や雪害の危険性を減らすこと、管理された密度の低い明るい景をつくりだすこと、などである。筍が伸長しきって、稈の最下部の枝が展開を始めた時期が先止めの適期である。この時期に新稈全体の高さの上部３分の１～４分の１を長い棒の先に鎌をつけたもので切り落とす。自然形に近い形で仕上げたい場合には、上部1割程度でもかまわない。熟練者は鎌を使わず、下から稈を強く揺するだけで折り取ることができるが、通常の人にはあまりすすめられない方法である。

モウソウチクの先止め

◆笹の刈り込み

刈り込みは十分に安定した笹植栽地の管理において最も重要な管理である。造園で利用される場合には常に新鮮な緑を維持することが重要であるため、自然界にみるような枯死した葉はそれほど求められない。笹の多くは年中緑を維持しており、ササ属の種では葉量は１年の間ほぼ一定である。一方、ネザサの仲間のように、着葉数の年変化がダイナミックで、半落葉性のような性質を持つものもある。このような種では冬季には葉量が少なくなり、冬枯れのような景が演出される。

オカメザサの刈り込み

アズマネザサの刈り込み

笹の刈り込みは通常、春先の新稈が出てくる前に行う。刈り込む高さは任意であるが、新緑を楽しむためには地際で刈り込むのが望ましい。地際での刈り込みは一時的に何もない空間をつくりだすが、春とともに新稈が出筍してくることから、逆に春の到来を感じることのできる演出ともなる。

刈り込みに対する耐性は種によって異なる。地被材料としてよく使われる種でも、クマザサやミヤコザサのようなササ属の種やコグマザサの仲間は、刈り込みに対してそれほど高い耐性を持っていない。そのため、これらの種では隔年に春先の地際刈込みを行えば十分である。

一方、ネザサの仲間は刈り込みに対する耐性は一般に高い。そのため、毎年少なくとも1回は春先に地際から刈り込む。また、密な刈込み管理によって芝生のような景観をつくりだすことも可能であるが、その場合には、維持したい高さでの2回目の刈り込みを秋に行う。京都・仙洞御所のようにさらに梅雨末期にもう1回刈り込む場合もある。ただし、カムロザサはネザサの仲間ではあるが、それほど刈り込みに対する耐性が高くないので、年2回以上は行わないようにする。

病虫害の防ぎ方

竹・笹は基本的には病虫害に対する耐性は強い。しかし、十分な生育環境ができていない場合や十分な管理、特に密度管理が行われない場合には被害を受ける確率が高くなる。特に病害は、湿度が高い場合、風通しが悪く日陰になりやすい場所での植栽の場合、罹病個体が付近にある場合、窒素肥料過多で軟弱になっている場合、個体が傷ついている場合、などに発生しやすいとされているので、このような状態にある竹・笹については注意を要する。

なお、病虫害は日頃の注意深い観察によって早期発見が可能となるので、発見のたびに早急な対応をしている限り、大きな被害に至ることなく根絶することができる。なお、薬剤の撒布にあたっては、近年の風潮に従ってその害性に十分配慮するほか、虫害に対してはその天敵も駆除する可能性が高いことにも留意して、必要最低限の量を心がける必要がある。

◆ 害虫とその防ぎ方

竹・笹を食害する昆虫には以下のようなものがある。

タケノホソクロバ（タケケムシ）　ナリヒラダケ・トウチク・オカメザサ・メダケなどの葉身を春から秋にかけて食害する。若齢幼虫は葉裏の皮を破り、葉肉細胞のみを食べるため、被害葉の患部は白色になる。高齢幼虫は葉の主脈や基部のみを残して葉を食い尽くす。体長が2cm程度になる幼虫は黄褐色で、活動期は春、梅雨、秋である。ディプテレックス乳剤の1000倍液の撒布が有効である。7〜10日程度の間隔で2〜3回繰り返す。殺虫剤のオルトラン水和材なども有効である。

タケカレハ　大型・中型の竹につき、約6cmになる大型の幼虫が葉を食害する。発生は年2回である。大きいので、目についた幼虫を捕殺する。

タケアツバ　マダケ属とホウライチク属の葉を食害する。初夏から秋にかけて年数回発生する。幼虫は黄緑色で黄褐色の毛が散生する。タケノホソクロバと同様の処置を行う。

ハジマクチバ（タケノコムシ）　マダケ・トウチク・ナリヒラダケ・メダケ各属に多くつく。幼虫には黒色の短毛がはえ、土中に潜む。筍の生長期に筍の内部を食害する。筍に侵入すると白い糞を出すので判断できる。被害筍を直ちに掘り取って捕殺する。

トウチクの食害

害虫のタケアツバ

セスジノメイガ（ハマキムシ、タケノハマキムシ）

マダケ属につく。黄緑色の幼虫は糸を吐いて葉を数枚葉脈の方向に細長く巻きあわせ、その中に潜んで葉を食害する。近縁種のウスオビキノメイガも同様の被害をもたらす。葉の食害前にオルトラン水和剤を撒布すると効果的である。発生が少ない場合には、幼虫を直接捕殺する。

モウソウタネコバチ、マダケタネコバチ　それぞれモウソウチクとマダケにつき、小枝が紡錘形に膨れてやがて枯死する。4〜5月にこの部分に小さな円形の穴が開き、ハチが羽化する。幼虫は節内で内壁を食い、虫こぶをつくる。

ベニカミキリ・タケトラカミキリ　衰弱した竹稈に幼虫（テッポウムシ）が食入し、材部の食害によって稈が枯死する。移植直後や日焼け稈・老稈に注意を要する。

アブラムシ類　多くの竹・笹につく。竹の若い稈・枝・葉柄などから樹液を吸う。繁殖力がきわめて強く、爆発的に増殖する。古稈が多く、風通しが悪い場合、排水不良の場合、窒素過多の場合などに発生しやすい。大型竹ではカルホス乳剤を7〜10日おきに数回撒布するのが効果的である。

カイガラムシ類　多くの竹・笹につく。吸汁性害虫の中で最も被害が大きい。葉身と葉鞘の境目につく種、笹の葉裏につく種、枝梢につく種など種数は多い。排泄物は煤病を誘発するため、注意が必要である。アブラムシ類と同様の条件下で発生しやすい。冬季には、マシン油乳剤、石灰硫黄合剤の30〜40倍液を撒布して、越冬害虫を駆除する。なお二つの薬剤を用いる場合には、先に石灰硫黄合剤を撒布してから日をあけてマシン油乳剤を施用する。

ハダニ類　多くの竹・笹に発生する。葉裏に糸を張ってその中に潜んで汁液を吸うため、葉表に黄白色の2〜3㎜の斑点ができ、それが葉脈に沿って広がっていく。4〜6月に特に注意し、発見次第、オサダン水和剤などを葉裏に撒布する。冬季にはカイガラムシ類と同様の薬剤を撒布する。被害が大きい場合には、初春に株元で全部刈り取って、付近の落ち葉とともに焼却する。

◆ 病害とその防ぎ方

天狗巣病　現在全国各地で竹林の多くが放置されることにより、蔓延している。さまざまな竹・笹が罹病しており、最も注意すべき病害である。マダケ・ナリヒラダケ・メダケなどに出やすいが、近年ではチマキザサなどの笹でも罹病例が報告されている。罹病枝は細かく非常に多くの節を持った蔓状になり、長いものではさらに同様の枝を出して箒状になる。葉は萎縮して小鱗片状になる。時として開花と間違われることもある。

4月ころから枝の先端に米粒のような白い固形物（菌核）ができ、梅雨期に成熟した後、水滴に触れることによって白い乳液を出して伝染する。秋にも同様のことが起こる。これによって植栽地は衰退するので罹病枝を発見次第、切り取って焼却処理する。通風が悪い場合や古稈に多く発生するが、日陰の稈や新稈にも伝染しやすい。処理と同時に施肥などを施して竹林改良も行うと効果的に解消できる。

煤病　多くの竹・笹が罹病し、観賞価値を著しく損なう。カイガラムシやアブラムシの分泌液で繁殖する。葉の表面で菌糸が広がり、黒色の胞子をつくって風や雨で伝染する。該当する害虫の防除によって間接的な予防が可能である。植栽地の風通しをよくするほか、罹病部分は切り取って焼却する。

スズコナリヒラの塩害

モウソウチクの乾燥害

天狗巣病のチシマザサ

天狗巣病のチシマザサの株

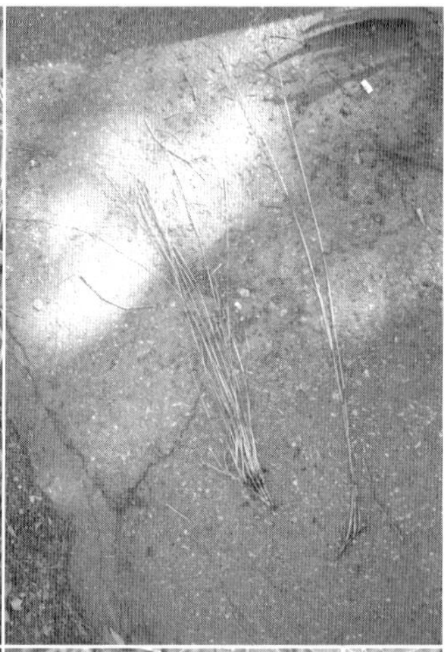

天狗巣病のマダケ

カイガラムシ付着のクロチク

葉銹病　多くの竹・笹が罹病する。生きている葉のみに寄生するが、宿主を変えながら繁殖する。病菌ははじめ葉の裏面の気孔に小さな半球形で粉質の黄褐色のいぼ状のものをつくるが、やがて薄皮が破れて鉄錆《てつさび》に似た粉を飛び散らせる。秋になると黒褐色の隆起体に変わる。古稈に発生しやすいので、これらを切って風通しをよくする。笹では通常の管理である春先の地際からの刈り込みによって予防できる。ウツギの仲間が宿主となるので、除去する。発病初期の春にダイセンやマンネンブダイセンなどの水和剤500倍液を株元や枝葉などに撒布する。

赤衣病　12月ころにできた朱色でビロード状の半球形の菌体が大きくなり、竹稈を衣状に覆う。初夏にはがれ落ちるが菌体は稈の内部まで侵入し、経年とともに黒褐色になる。最初古竹につくが、放置すると竹林全体に蔓延し植栽地は衰退する。罹病稈は発見次第伐って、株元の落ち葉や雑草も除去して焼却する。過施肥、排水不良などで発生しやすい。わずかな発生の場合には、葉銹病と同様の薬剤を撒布するほか被害部分に塗布する。

その他　以上のほか注意すべき病害として、マダケに発生しやすい小枝の先端部に出る赤団子病、同様に各種で確認される小団子病、新芽の葉鞘部分が膨れる黒穂病などがあり、いずれも罹病部分は切り取って焼却する。

竹・笹の盆栽への利用

◆ 竹の盆栽

竹を用いた盆栽は愛好家の間で珍重される。しかし、それを仕立てる技術は非常に高度なものであるため、竹、特に大型の竹の盆栽をつくりだせる人は少ない。ここでは、竹や笹の盆栽をつくるうえで一般にいわれていることを示す。

盆栽づくりの基本的な作業は、地下茎の掘り上げ・植栽と出てくる筍の剝皮作業である。後者が特に技術を要する部分である。利用する地下茎は前年に掘り上げて苗畑に仮植えしておき、翌年そこから出てくる小さな筍を利用する。盆栽に利用する場合には地下茎には母稈はつけずに掘り上げる。地下茎の年齢は若い2〜3年生のものを選ぶ。地下茎の長さは長く、多くの芽がついているほうがよいが、乾燥させると枯死するので、扱いやすい長さである1m程度がよい。最終的に盆栽用の鉢に植え替えるのは、稈の仕立てが終わってからである。

出筍した稈はそのまま生長させると大きくなるので、筍の生長に合わせて伸長を抑制する作業が必要となる。そのために人工的に筍の皮をはぐ。筍の皮は通常、稈の各節間の伸長が完了した段階で自然に落ちる。伸長途中で皮を除去するとその節間の伸長はその段階で止まってしまう。また、筍の皮は下から順に落ちていき、稈は下から順に成熟していくことがわかる。盆栽ではこれらの性質を利用する。

剝皮作業は苗畑で、筍が10cm程度に伸びたころから開始する。剝皮にあたって最も注意を要することは、内側の稈や筍の皮がついている節の部分を傷めないようにすることである。皮は縦方向に細かく裂き、少しずつはぎ取っていく。この作業は１枚ずつ丁寧に行う。一度に何枚もの皮をはがない。また、１枚の皮をはぎ終わるまでは作業は中断しない。中途半端な状態で放置すると皮がついている部分だけが伸長を続けるため、稈が曲がってしまう。１枚の皮をはぎ終わると数時間程度作業を中断してから、次の皮（一節上の皮）をはぐ作業を行う。この作業を下から順にすべての皮が取れるまで、筍の状態に注意しながら行う。

以上のほか、筍の伸長途中に植え替えを順次繰り返すという方法があるが、これは稈や地下茎へのダメージが大きいので、あまり行われない。

竹・笹の盆栽、鉢植え

ダイフクチクの鉢植え

作業が終了した後は、そのまま苗畑で枝葉の展開を待つ。直射日光が当たらない状態で維持することが大事である。夏には油かすや液肥を薄めたものを与えるほか、水を切らさないようにする。鉢への植栽は、秋に、鉢の大きさに合わせて地下茎を切り取って行う。鉢に用いる土には腐葉土、赤土、砂がほぼ同量の培養土を用いる。植栽後は常に土が乾かないように気をつけ、葉の色が褪せたときには液肥を薄めて与える。また珪酸カルシウムも忘れずに与える。

植栽後は、毎年出てくる稈を当初の稈と同様の大きさに、毎年仕立てていく。当初から複数の稈を植栽しておくと、小さな竹林のような景を持つ盆栽をつくりだすこともできる。稈は4年生以上を経たものは毎年切除する。

◆ 笹の盆栽

笹や小型の竹を盆栽に仕立てることは、大型の竹に比べると容易である。小型の竹では、大型の竹の場合と同様に、地下茎を掘り上げてきて苗畑に仮植えする。筍に手を加えることはせずに、そのまま伸長させる。適度な大きさのものが得られない場合には、さらに１年待つか、その年の最初に出た筍は切除して次に出てくる筍を利用する。通常、ひとつのシーズンに出てくる筍は後のほうが小型になるからである。笹も大きなものはこれに準じる扱いをする。

鉢に植え替えるときにはある程度大きな母稈をつけて植栽し、翌年に小さな稈が出てきた段階で母稈を切り除く方法もある。ササ属の種は苗畑で育てて小型化させてから鉢に植えるとよい。ネザサの仲間は地上部を刈り取ってそのまま鉢に植え、そこから出てくる新稈で使えるものを伐り残していく。

鉢に植えた後の施肥や灌水に関しては、大型の竹の場合と同様である。笹では2年経った稈は秋にすべて切り

チゴザサの盆景

ラッキョウヤダケの盆栽

チゴザサの盆栽

オロシマチクの笹玉

竹盆景（中国・成都）

ブットチクの盆景（中国・昆明）

竹盆景（中国・昆明）

ホウオウチクの鉢植え（中国・上海）

竹の鉢植え（中国・昆明）

取ってしまう。竹でも少なくとも4年生以上の稈は残さないようにする。長期間維持するうえで、鉢の中が地下茎でいっぱいになり、生育状態が劣化する場合があるが、そのような場合にはいったん鉢から全体を取り出し、古い地下茎を取り除いて若い地下茎だけを植え直すと勢いが戻る。

＊

中国ではさまざまな竹・笹の盆栽（盆景）をみることができる。熟練した技術者がこれをつくると、まさにミニ竹林の景を持つ盆栽や、太湖石と組み合わせた立体的な盆栽など、決して平板でないすばらしいものが多い。時間と手間をかけることによって、人工的な違和感のない、まさに自然の縮図のような盆栽をつくりだすことが可能である。

笹のグラウンドカバー

築山のオカメザサの地被

コグマザサの地被

アズマネザサによる被覆

笹は、防災の目的を持って斜面に植栽する例はかつてからあったが、造園的観点から地被として大面積に利用されることは近年までまれであった。歴史的庭園では、京都・仙洞御所のネザサや江戸時代の大名庭園である東京・小石川後楽園のオカメザサのように、広大な庭園で、時として、大面積の笹の地被を楽しめる庭園がある。

日本で笹のグラウンドカバー利用が盛んになったのは、1970年代以降である。この時期は、笹のポット苗の生産が本格化した時期にあたっている。ポット苗の形での笹の植栽は、あまり時期にとらわれずに行うことができることから、公共造園における笹の利用が一気に拡大した。最盛期には笹ポット苗の年間生産量は1000万個近くもあった。笹は現代的なデザインの構造物にもよくマッチすること、活着さえすれば以後の管理が少なくフリーメンテナンスに近い植物材料であること、などのグラウンドカバー植物に要求されるさまざまな条件をよく満たしている植物である。さらに、利用される種のすべてがわが国に自生する種、あるいはそれを母種として持つ品種であることから、現在の日本で求められている外来生物などへの考え方にもよく合った植物であるといえる。

笹のグラウンドカバー利用の事例は、現在では公共造園を中心として枚挙にいとまがない。広大な面積をコグマザサなどで被覆した例もあれば、斜面に一面にクマザサを植栽した例もある。また、自然な雰囲気を出すために、疎林の林床をミヤコザサで埋め尽くした例もある。

オカメザサの地被

これらの事例の多くはフリーメンテナンスの状態でおかれることが多く、庭園的な管理が行われることは少ない。その結果、雑草に覆われて衰退する例も多くある。また、種の特性を考えない植栽がなされる場合も多い。たとえば、クマザサやミヤコザサなどのササ属の種は本来、森林の林床に生育するものであり、開放地に笹原を形成することはまれである。笹原が形成されるのは、風衝地や山火事跡地などで樹木を中心とする植生が回復できなかった場所である。これらのことを考えると、通常ササ属の種を用いたグラウンドカバーは開放地ではなく疎林の下のような場所が適していることがわかる。

反対に、ネザサの仲間は阿蘇の草千里にみるように開放地に草原を形成することができる種である。これらの種は開放的な空間に植栽することによって旺盛な生育を期待することができ、逆に日陰地などでは生育状態は優れない。各種、あるいはその母種がどのような環境に自生しているかを考えながら、植栽デザインを考えることは重要である。

今後、笹のグラウンドカバー利用は、都市部の防災の観点からも注目される可能性がある。庭園や公園などのグラウンドカバーとして植栽することによって、小規模な斜面の崩落などを予防することができる。もちろん、大規模な地滑りのような崩落に対する防災力は期待できないが、小規模なものには笹の根茎は十分に対応できるものである。

竹材としての有効活用

竹は生きた造園材料として利用されるほかに、竹材として利用されることも多い。歴史的にみても、竹垣などへの竹材利用は多岐にわたるデザインを生み出してきており、特筆すべきものがある。古くから竹材を素材として発展してきた日本文化に茶道や華道がある。茶道では茶筅、茶杓のみならず茶室の構造材としても竹材が多用されるほか、茶庭には竹の造園的植栽が多くみられる。華道でも花生けの重要な素材として竹材が当初から用いられ、勅使河原流の華道にみるように、現在でも大規模で斬新なデザインの作品が創出されている。

近年では、特にイベントにおいてさまざまな竹材利用がみられる。最近の事例だけを取りあげても、2005年の「愛・地球博」、2004年の「浜名湖花博」の会場では、竹・笹の造園的利用に加えて、さまざまな竹材を用いたオブジェや工作物がみられたことは記憶に新しいところである。愛・地球博会場では特に、政府館の巨大な竹編み工作物が訪問者の興味を引いたが、これ以外にも竹材を用いたオブジェはそこここでみることができた。近年では日常の生活空間から竹材が急速に消えつつあるが、このようなイベント会場で、日本的、アジア的な素材を求めると、結果として現在でも竹材が多用されることは興味深いことである。

ヤダケで編んだ茶室の壁

竹オブジェ（浜名湖花博）

竹オブジェ（浜名湖花博）

竹の遊具的な橋（台湾）

竹のパーゴラ（台湾）

また、大規模なイベントだけではなく、数日で終わるようなイベントでも竹材を用いたオブジェの例は多数みられる。細工性が高く、扱いやすい竹材は、創作を行ううえでは格好の材料となる。最近は、街の中でもレストランなどの室内装飾に竹材が使われることが増えてきている。これに合わせて竹・笹の植栽例も増えているように思われる。これらの空間での竹材の使われ方は、従来の伝統的な使われ方とは異なり、斬新なデザインによるものも多く、老若男女を問わず、多くの人々がそれを楽しんでいる。

日本では事例はあまりみかけないが、東アジアでは竹のオブジェが公共空間に展示されている例が散見される。これらの事例は中国、韓国、台湾など各国でみることができる。日本では時折街角に彫刻などが半永久的に展示されることがあるが、台湾では竹材を用いた作品が展示されている高速道路のサービスエリアなどが見受けられる。おそらくこれらは周期的に取り替えられていると思われるが、興味深いものがある。また、台湾では竹材を用いた遊具などが設置された自然公園などもあり、日本同様に竹を自生種として持つ地域で文化的に成熟したところでは、竹材を用いたさまざまなオブジェがみられる。

造園材料としての竹・笹の可能性

モウソウチク植栽の料亭の庭

オカメザサの配植

◆多岐にわたる伝統的植栽

日本には変種や園芸品種まで含めると200種を超える竹・笹がある。それらの種を用いた造園利用は古くから活発であった。庭園に植栽される植物は、時代を経るに従って変化していくものであり、造庭当初の植物がそのまま何百年ものあいだ生き続け、伝えられることはむしろ珍しい。庭園には時代ごとの所有者の趣味が加えられていく。そのように変化していく庭で竹・笹がどのように植栽されてきたかを知ることは難しいが、造園植物として常にどこかで利用されてきたことは、残された記録、あるいは庭園遺構の土壌分析などから推定できる。現在に伝えられる歴史的庭園、あるいは昭和時代までの比較的近年の庭園における竹・笹の利用をみると、実に多岐にわたっている。

大面積の庭園では、管理された竹林そのものが庭園の主要素を構成したり、庭園の外の空間との仕切りの役割を与えられたりするほか、笹が疎林の林床に用いられたりする。中規模の庭園でも同様の利用がみられるほか、抑えめに仕立てた竹などを用いた緑がさまざまな形で用いられる。そこには中仕切りとしての生垣植栽などもみられる。小規模な空間では、竹だけを用いた坪庭空間、窓外の目隠しとしての植栽、種々の高さに仕立てられた生垣などがみられる。このほか、庭園の規模を問わず、点景を際立たせるものとして、石付き、根締め、添えなどの重要な植物材料としての利用もある。これらの利用方法にそれぞれ明確に名前をつけて分類することは難しいが、多岐にわたっていることに変わりはない。

植栽する種や、植栽スケール、あるいは利用目的に応じて、植栽地における管理方法には、長年の経験に培われたある程度一定の管理方法が定着している。これまでの竹・笹利用の多くは和風と呼ばれる空間における利用であるため、現代的な目でみるとかなり固定された使い方と管理方法になっている。このことは植栽デザインの新規性の点では時として問題を感じさせる場合もあるが、雅な日本的雰囲気を醸し出す材料として竹・笹を定着させる大きな要因ともなっている。外国で日本庭園を造庭する場合も、一定の植栽方法と管理方法に従うことにより日本的な美しい竹・笹の造園的利用が可能となる。

昭和時代半ばの高度経済成長期以降には、新たに発達してきた公共造園における竹・笹の利用が大々的に行われるようになった。すでに述べたようにこれは笹ポット苗の大量生産体制の確立との関係が深い。これによってそれまであまり行われることのなかった大面積にわたる笹の地被植栽という風景が、多くの場所でつくりだされるようになった。これには日本人がまだ十分に経験していない管理方法が必要とされるべきであったが、対象地に適した種の選択方法やその管理方法に関するマニュアルもないままに、数多くの場所で植栽が行われていった。また、限られた種だけが大量に利用されるという弊害も生んだ。管理方法に関しては、その後数十年の経験を経て、現在ようやく知見が蓄積されつつある。

現在の日本では伝統的な手法による竹・笹の植栽事例にもまして、公共造園における竹・笹の利用も含めた、現代的なランドスケープデザイン空間における斬新な竹・笹の植栽事例が多く見受けられる。これは竹・笹の利用において、従来の伝統的利用方法に加えて新たな視点を持った竹・笹の植栽デザインが生まれていることを意味する。ランドスケープデザインという呼び方がよりふさわしい竹・笹の植栽事例が増加している背景には、伝統的な景観に加えてコンクリートを主体にした新たな構造物が増加し、これに合う植栽デザインが強く求められていることに理由があるようである。都市部を中心として流行しているこのような植栽デザインは、新たなランドスケープを創出する大きな動機となりつつある。

かねてから、欧米の造園家が設計する造園には日本とは異なる竹・笹の植栽デザインがあった。欧米における竹・笹の植栽デザインには、日本人の目には斬新なものが多い。そこでは、竹・笹はエキゾティックもしくはトロピカルな材料として認識され、そこから生まれる感性によってデザインが行われる。そのデザインは、竹を付随する構造物の垂直方向の線形に合致する一方でそれを視覚的に和らげる造園材料として、笹を水平方向の広がりを強調する地被材料として、それぞれ把握しているところに特徴があるように思われる。たとえば、大型竹を格子状に配植するようなデザインは、これまでの日本にはなかった。現在ではこのようなデザイン感覚が日本の植栽デザインに大きな影響を与えている。

◆稈と葉の色調に注目

現在の欧米の庭園には、鮮やかな斑入り葉を持つ種を庭園の色彩にバラエティを与える材料として利用している例が数多くみられ、興味深い。稈の奇形よりも葉の色彩的変異を重視することによって、花壇のような植栽手法が頭に浮かぶ。この視点からの竹・笹の利用は日本ではまだ十分浸透しているとはいえないが、今後注目されるものである。ただ、日本でも稈の色調に注目した植栽例は比較的古くから認められることを考えると、葉の色彩を重視した植栽が広まる可能性は高い。

一方、原風景としての竹林や笹原の風景はいまだに日本人の感性に大きな影響を与え続けている。都市部ではすでにそのような原風景を求めることは困難になりつつあるが、地方出身者にとっての原風景は現在でも都市住民の50歳以上の人々のそれとほぼ同じである。

しかし、原風景そのものが里山の放置などによって荒廃しているのが現実の状況であり、それらを良好な状態で管理し続ける努力を行うことは日本人としての感性を維持するうえで重要であろう。管理が放棄されて荒廃した竹林ではなく、十分に管理された竹林の風景は、その風景をイメージしてそのまま庭園や公園に取り込もうとする場合、その雰囲気を理解するうえで重要である。これらの景観を維持していくことも竹・笹の造園的利用を促進するために大切なことである。これは現在の里山空間全体にいえることであるが、日本人がランドスケープデザインを行ううえで常にその基本としてきた自然景観そのものが、現在の日本でみることができなくなりつつあることは、今後の日本の造園活動に大きな影響を与えることを危惧させる。

これらの原風景の中に竹・笹を思い浮かべるとき、そこには決して竹あるいは笹だけが存在しているわけではないことは明らかである。そこには他の植物が常に存在している。庭園においても竹・笹をより際立たせる存在として、竹・笹以外の植物の植栽が望まれる場合がある。これらの植物を竹の控えの種として捉えると、たとえば、鮮緑色の葉を持つ竹を際立たせる緑には常緑広葉樹の深緑色が思い浮かぶ。その代表種として考えられるのは花も観賞できるヤブツバキであろうか。

一方、マダケを中心とする竹林がよくみられる河辺林ではその立地特性上、エノキ、ムクノキ、ケヤキといった高木性落葉広葉樹がみられる。マダケなどの大型種と

林床のスズダケ

竹林の小径

対植によるランドスケープ

ホテイチク生垣（インドネシア）

ホウオウチクなどの玉仕立て（中国）

玉仕立て竹（タイ）

クマザサの縁どり（日本）

これらの高木性落葉広葉樹の組み合わせも、広大な庭園においては魅力的な空間を与えてくれる。低木種に関しては常緑性の樹種が多いが、センリョウ、マンリョウ、ヤブコウジ、カラタチバナ、フッキソウなどの種が推奨されることが多い。しかし、光条件がある程度確保できる場合には、落葉性のツツジ類なども利用価値が高い。草本類には、自然の竹林の林床でもよく認められるキチジョウソウ、ヤブラン、リュウノヒゲなどが適している。また、花を楽しむことができるニリンソウ、カタクリ、シラン、エビネなどのほか、クジャクシダ、クサソテツなどのシダ類も利用価値が高い。自然界にみられる植物の組み合わせを思い浮かべ、自分が望む庭に合った植物を想起することが大事である。

◆斬新な植栽デザインを求めて

日本人が伝統的に持つこのような感性と海外から与えられる新たなデザインの感性を融合させることによって、今後、さらなる斬新な竹・笹の植栽デザインが生まれることが期待できる。たとえば、東南アジアなどでよくみられる竹の玉仕立てなどは、日本ではほとんどみることのできない仕立て方である。このような仕立て方をされる種には現地に自生する株立ちの種が用いられるだけではなく、東アジアから導入されたハチクやホテイチクなどもあることは興味深い。このような事例は東南アジアのみならず汎世界的に認められるものであり、新たな管理方法の提案によって、外国から逆輸入された仕立て方として応用できよう。また、水辺に竹を植栽する感性は、日本も含めた竹を自生種と持つ地域では常識的にみられる風景からコンセプトを得たと思われる。

日本はこれまで造園に必要な種のほとんどすべてを自生種でまかなってきた。もちろん有史以前に中国大陸から導入されたと推定される種があることは事実である。モウソウチクやタイワンマダケなどは後に導入された種である。しかし、竹・笹を利用した造園文化、園芸文化が発達していく過程において外国から新たな種を導入しようとする活動はほとんど行われなかったようである。

世界には造園的価値が高く、なおかつ耐寒性のある竹・笹が数多くある。それらの多くは欧米においては19世紀から20世紀にかけて、貴重な竹・笹造園材料としてすでに導入され、利用が活発に行われてきた。中国に自生する種以外に関しては、日本人はこれまでほとんど接する機会のないままに今日に至っている。具体的には、それらの種は中国・揚子江流域に生育する数多くのマダケ・カンチク・オカメザサ各属の種、ヒマラヤ山系から中国・四川省にかけて自生するヒマラヤカラムス・ドレパノスタチウム・バシャニアなどの属の種、アンデス山系に自生するチュスクエア属の種などである。これらの種の導入によって、日本の竹・笹の造園的利用がさらにバラエティに富んだものになることが期待される。

竹・笹のある主な庭園・植物園案内

◆ここでは主として竹・笹類を多く植栽している庭園・植物園・公園などを紹介しています。

千葉県立大多喜県民の森 竹笹園
千葉県夷隅郡大多喜町大多喜486-21
☎0470-82-3110

千葉県花植木センター
千葉県成田市天神峰字道場80-1
☎0476-32-0237

東京都神代植物公園
東京都調布市深大寺元町5-31-10
☎0424-83-2300

横浜市こども植物園
神奈川県横浜市南区六ツ川3-122
☎045-741-1015

三溪園
神奈川県横浜市中区本牧三ツ谷58-1
☎045-621-0634

神奈川県立フラワーセンター大船植物園
神奈川県鎌倉市岡本1018
☎0467-46-2188

富士竹類植物園
静岡県駿東郡長泉町南一色885
☎055-987-5498

名古屋市東山動植物園
愛知県名古屋市千種区東山元町3-70
☎052-782-2111

有楽苑
愛知県犬山市御門先1
☎0568-61-4608

名城大学農学部附属農場 竹笹見本園
愛知県春日井市鷹来町菱ヶ池4311-2
☎0568-81-2169

白鳥庭園
愛知県名古屋市熱田区熱田西町2-5
☎052-681-8928

京都市洛西竹林公園
京都市西京区大枝北福西町2-300-3
☎075-33-3821

京都大学フィールド科学教育研究センター
上賀茂試験地
京都市北区上賀茂本山町2
☎075-781-2404

京都府立植物園
京都市左京区下鴨半木町
☎075-701-0141

松花堂庭園
京都府八幡市女郎花79
☎075-989-0010

富山県中央植物園
富山市婦中町上轡田42
☎076-466-4187

福井総合植物園 プラントピア
福井県丹生郡越前町朝日17-3-1
☎0778-34-1120

大阪市立大学理学部附属植物園
大阪府交野市私市2000
☎072-891-2059

高山竹林園
奈良県生駒市高山町3440
☎0743-79-3344

好古園 竹の庭
兵庫県姫路市本町68
☎0792-89-4120

船岡竹林公園
鳥取県八頭郡八頭町西谷564-1
☎0858-73-8100

バンブー・ジョイ・ハイランド
広島県竹原市高崎町1414
☎0846-24-1001

彦山竹林公園
山口県美祢市大嶺町東分長ヶ坪
☎0837-52-5224（美祢市商工観光課）

天赦園
愛媛県宇和島市御殿町9
☎0895-25-2709

牧野植物園
高知市五台山4200-6
☎088-882-2601

福岡市植物園
福岡市中央区小笹5-1-1
☎092-522-3210

北九州市立合馬竹林公園・展示館
福岡県北九州市小倉南区大字合馬38-2
☎093-452-3452

水俣竹林園
熊本県水俣市汐見町1-231-12
☎096-382-5911

磯庭園
鹿児島市吉野町9700-1
☎0992-47-1551

かぐや姫の里 ちくりん公園
鹿児島県薩摩郡さつま町虎居地内
☎0996-53-1111

竹・笹名索引（五十音順）

◆カラー写真に記載している竹・笹の名称ごとに掲載頁数を紹介しています。名称には造園・園芸業界における通称、および一般呼称、地方名などが含まれています

ア

カ

サ

タ

ナ

ハ

マ

ヤ

ラ

あとがき

筆者が学生時代に造園地被材料としての笹に注目して研究を始めてから、すでに25年を超える年月が流れた。当時、日本はバブル期にさしかかり、公害にまみれた国土を公共造園を通して清浄にしようとしているかのように、緑をつくりだす活動が活発化していた。そして、それに合わせるかのように笹のポット苗が大量生産されるようになり、画一化されたマニュアルのもとに日本中に笹の地被植栽が広がっていった。

しかし当時、植栽された笹に対しては、管理するためのノウハウどころかその基礎となる笹の生理生態的情報すら用意されていなかった。筆者の最初の研究活動は、このような笹の有効な造園的利用に資するための研究であった。この成果は現在、笹のみならず竹・笹全般の造園的利用に関する知見として応用されている。

コグマザサ（東京都千代田区三番町、3月）

当時、日本には、筆者の師でもある竹林管理学の泰斗であり世界にドクター・バンブーとして知らない者のいなかった故上田弘一郎博士、竹の分類学者として著名であられる室井綽博士をはじめとして、上田博士の後継者として林学の分野で世界を舞台にがんばっておられる竹資源活用フォーラムの内村悦三博士（富山中央植物園園長）、河原輝彦博士（東京農業大学教授）、渡邊政俊博士（竹文化振興協会）、園芸植物の研究者として岡村はた博士や田中幸男博士、遺伝学の権威・笠原基知治博士などがおられた。

なかでも、筆者の指導教官として長年お世話になった京都大学演習林におられた故吉川勝好博士は筆者に最も身近な師であった。これらの多くの先生方に、筆者が学生の身分ながら作った竹類勉強会においでいただき、さまざまな貴重な話をお聞かせいただいたことは、筆者にとって何ものにも替えがたい大事な経験であった。諸先生方の教え、貴重なご指導なくして、今の筆者は存在しない。

博士取得論文として上記の研究をまとめた後、筆者は姫路市の好古園における竹庭の設計などを手がけたが、竹の造園的利用からは少しずつ離れていった。代わって、筆者の主な活動は、荒廃していく里山とその中の竹林再生、あるいは緑化への竹・笹の利用を考える方向にシフトしていった。もちろん、それでも、国内外を問わず行ってきたさまざまな研究活動などの中で、世界中にみられる竹・笹の造園的利用に対する興味は尽きることがなく、写真を撮りためていたのは事実である。本書で、そのような写真の一部を有効に利用できたことは望外の喜びである。

近年の竹・笹への造園材料としての注目は活気にあふれている。この活気は日本人が外国のデザイン感覚、あるいはデザインそのものに触発されることによってより活発化している。しかし、その根源にある感性には、まだまだ日本人が理解できていないものもある。そのためのヒントを提供することも本書を執筆するうえでの大きな動機であった。今や造園的利用とはいえず、ランドスケープデザインと呼ぶほうがふさわしい感性での設計活動においては、日本人としての伝統的感覚を捨て去る必要はもちろんないと思うが、異なる感性の融合の可能性を追い求める気持ちが常に求められる。

竹・笹という特定の植物材料のみに対して、このような思い込みに近い感覚を持って書をしたためることはいいことではないのかもしれないが、これしか能のない筆者としてはこれが精一杯であったことをご容赦願いたい。しかし、従来、縦にみてきた世界を横にみる必要も、時には必要である。これによって、新たな視界が開けてくるはずである。日本では斬新な造園設計に対して評価する書物は多いが、植栽デザインに関する優れた書物は少ない。そういう意味で、竹・笹に特化した本ではあるが、そのような視点を持った書物を世に問うことも筆者のひとつの念願であった。

竹・笹は日本の造園文化に大きな影響を与えた植物であるのみならず、世界の、特に欧米など竹を自生種として持たない諸国で諸手をあげて受け入れられてきた植物である。そういう意味で、竹・笹の造園的利用は地球レベルで求められている。竹を自生種として持つ国々のみならず、世界中の国々が竹・笹に対して感じるシンパシーは興味深いものである。

日本を含む東アジアの国々は竹・笹の造園的利用に、ある一定の方向性を示すことができる。常にそれらに新たな感性を融合させながら斬新なデザインを示すことができるのも、これらの国々である。日本もそのような国のひとつとして、竹・笹の造園的利用の範を示し続けてもらいたいものである。

本書を執筆するにあたり、上述の先生方、特に内村悦三博士、渡邊政俊博士の存在は大きな支えであった。さらに、日建設計に所属され現在の日本の造園界の牽引車のおひとりである三谷康彦氏、関東地方を中心に全国レベルで竹苗供給を展開しておられる若山太郎氏（若山農場）からは数多くの貴重なアドバイスをいただいた。

また、富士竹類植物園の柏木治次氏、京都府八幡市の松花堂庭園の関係者の皆様には植栽された竹・笹に関して、貴重なご意見をいただいた。このほかにも、これまでに筆者の研究生活に多大なる貢献をしていただいた、中村一博士（京都大学名誉教授）、吉田博宣博士（日本大学教授、京都大学名誉教授）、故吉田鉄哉博士（元京都大学講師）、松本茂氏（高石造園土木）、井上雅晴氏（元京都府林務課）、細川健次博士（元京都府立大学助教授）には、ここに本書の完成に至れたことに対して深く感謝したい。

今回、創森社の相場博也氏には、私を竹・笹の造園的利用という学究生活のスタート地点、初心に戻してくださったという意味で謝意を表する。さらに本書の取材・撮影先の皆様、編集関係の方々にも根気よく対応していただき、ここに併せて謝意を表したい。

キッコウチク（宮崎県高鍋町、7月）

本書を執筆していく過程で、大学院生時代に自分が持っていた若くて新鮮な感性を再び思い出すことができた。そして硬直している現在の己の感性をよみがえらせることができたことは嬉しいことであった。私の興奮が読者の皆さんにも伝染すれば、と念ずるのは筆者の独りよがりである。

◇主な参考文献

『タケ・ササ図鑑〜種類・特徴・用途〜』(内村悦三著、創森社)
『竹の観賞と栽培』(上田弘一郎著、北隆館)
『カラー版・花と庭木シリーズ タケ・ササ』(室井綽・岡村はた著、家の光協会)
『日本タケ科植物総目録』(鈴木貞夫著、学習研究社)
『竹庭と竹・笹』(上田弘一郎・吉川勝好著、ワールドグリーン出版)
『ものと人間の文化史10 竹』(室井綽著、法政大学出版局)
『竹の魅力と活用』(内村悦三編、創森社)
『京の竹地図（3部作)』(京都府立大学竹類文化研究会編、京都府立大学竹類文化研究会)
『竹と庭〜栽培と観賞〜』(上田弘一郎・伊佐義朗著、金園社)
『ネコとタケ』(小方宗次・柴田昌三著、岩波書店)
『原色日本園芸竹笹総図説』(岡村はた編著、はあと出版)
「生態的立場からみた竹林施業に関する基礎的研究」(渡邊政俊著、日本の竹を守る会)

キンメイモウソウ(洛西竹林公園、5月、柴田)

デザイン――寺田有恒、ビレッジ・ハウス
撮影――永田忠利、熊谷正、樫山信也
山本達雄、柴田昌三
撮影協力――塩田理生
写真協力――吉河功
企画協力――三谷康彦、若山太郎、小町修三
取材協力――松花堂庭園、洛西竹林公園＆渡邊政俊
有楽苑、三溪園、水俣竹林園
磯庭園、富士竹類植物園　ほか
校正――山口文子

Profile

●柴田昌三（しばた しょうぞう）

1959年生まれ。京都大学農学部林学科、同大学院農学研究科修士課程、および博士後期課程修了。京都大学農学部講師、助教授を務め、1995年にはイギリスに長期滞在し、竹類の分類の研究のためにキュー・ガーデンに、二次林の再生に関する研究のためにロンドン大学ワイ・カレッジに研究者として籍を置く。博士号取得論文「タケ・ササ類の造園的利用に関する研究」では、日本造園学会賞論文賞を受賞。竹・笹類、および造園・緑化の研究に携わるかたわら、姫路城「好古園」の設計施工に参加、ネパール・カトマンズ郊外の環境公園などの造園設計なども手がける。

現在、京都大学大学院地球環境学堂（フィールド科学教育研究センター両任）助教授。農学博士。専門は竹生態学、里山資源学、緑化工学。京都芸術短期大学非常勤講師、日本造園学会理事、日本緑化工学会理事、世界竹協会理事などを務める。

主な著書に『ネコとタケ』（共著、岩波書店）、『日本産主要竹類の研究』（共同執筆、葦書房）、『造園を読む』（共同執筆、彰国社）、『ランドスケープデザインと環境保全』（共著、角川書店）など。

竹《たけ》・笹《ささ》のある庭《にわ》～観賞《かんしょう》と植栽《しょくさい》～

2006年4月20日　第1版発行

著　　者――柴《しば》田《た》昌《しょう》三《ぞう》

発 行 者――相場博也

発 行 所――株式会社 創森社

〒162-0805 東京都新宿区矢来町 96-4

TEL 03-5228-2270　FAX 03-5228-2410

http://www.soshinsha-pub.com

振替 00160-7-770406

組　　版――有限会社 天龍社

印刷製本――図書印刷株式会社

落丁・乱丁本はおとりかえします。定価は表紙カバーに表示してあります。

 ISBN4-88340-197-9 C0061